प्रमुक्ति

मनोविकारों से मुक्ति का विज्ञान

प्रमुक्त

प्रकाशक: प्रमुक्ति फाउंडेशन

प्रमुक्ति मनोविकारों से मुक्ति का विज्ञान

लेखक: प्रमुक्त

प्रकाशक: प्रमुक्ति फाउंडेशन इंदौर, मध्य प्रदेश, भारत

ईमेल: pramukt.pramukti@gmail.com,

वेबसाइट: www.pramukti.com

प्रथम संस्करण: 2026

उन सभी को समर्पित,

जो मानसिक संतापों से मुक्त होकर उड़ जाना चाहते हैं,
प्रमुक्ति के आनंदघन आकाश में।

विषय-क्रम

(खंड 2: दुखों का मनोविज्ञान)

(खंड 3: कर्म और मन का विज्ञान)

(खंड 4: प्रमुक्ति के सात द्वार)

(अंतिम खंड: परिणाम)

(परिशिष्ट)

लेखक की कलम से

पिंजरे से परे की उड़ान

(The Flight Beyond the Cage)

जीवन बाहर से चाहे कितना भी भरा-पूरा क्यों न दिखे, भीतर हम सब एक अजीब सी 'बेचैनी' (Restlessness) के साथ जी रहे हैं। क्या आपने कभी रुककर सोचा है कि हमारे पास सुख के सारे साधन हैं—सुविधाएं हैं, तकनीक है, संबंध हैं—फिर भी वह 'शांति' क्यों नहीं है जो टिक सके?

हम मुस्कुराते हैं, काम करते हैं, उपलब्धियां हासिल करते हैं, लेकिन मन के किसी कोने में एक डर हमेशा बना रहता है। "अगले पल क्या होगा?" "क्या लोग मुझे स्वीकार करेंगे?" "क्या मैं पर्याप्त हूँ?"

एक **मनोवैज्ञानिक** (Psychologist) के रूप में, मैंने मनुष्यों के मन की परतों को बहुत करीब से देखा है। एक **दार्शनिक** (Philosopher) के रूप में, मैंने उन प्रश्नों के उत्तर खोजे हैं जो सदियों से हमें परेशान कर रहे हैं। और एक **संगीतज्ञ** (Musician) के रूप में, मैंने सुरीलेपन और बेसुरेपन के फर्क को महसूस किया है।

इन तीनों भूमिकाओं ने मुझे एक ही निष्कर्ष पर पहुँचाया: **हमारा दुख कोई 'दुर्भाग्य' नहीं है, बल्कि एक 'यांत्रिक त्रुटि'** (Mechanical Error) है।

हम एक ऐसे समाज में जी रहे हैं जिसे मैं **"कलेक्टिव इनसैनिटी"** (सामूहिक पागलपन) कहता हूँ। हमने अपनी डोर किसी और के हाथ में दे रखी है। कोई हमारी तारीफ करता है तो हम खिल उठते हैं, कोई आलोचना करता है तो हम मुरझा जाते हैं। क्या यह **"मानसिक गुलामी"** (Mental Slavery) नहीं है? क्या हम सचमुच स्वतंत्र हैं?

मेरी यह खोज मुझे **'प्रमुक्ति'** के विज्ञान तक ले गई।

यह पुस्तक किसी धर्म का प्रचार नहीं करती, न ही यह आपको कोई नई मान्यताएं (Beliefs) सौंपना चाहती है। मान्यताएं तो हमने पहले ही बहुत ओढ़ रखी हैं। यह पुस्तक उन मान्यताओं को उतार फेंकने का एक वैज्ञानिक दस्तावेज है।

इस यात्रा में मैंने पाया कि दुख यादृच्छिक (Random) नहीं होता। उसके पीछे एक पूरा विज्ञान काम करता है – **कर्मों का विज्ञान** , कंपन (Vibration) का विज्ञान, **मन** का विज्ञान और **आकर्षण** का विज्ञान। जिस तरह गुरुत्वाकर्षण (Gravity) के नियम हैं, उसी तरह चेतना के भी नियम हैं। लेकिन, उन नियमों का अज्ञान ही हमे दुखी बनाये रखता है। अगर उन नियमों को समझ लिया जाए, तो दुखों से मुक्ति संभव है।

'प्रमुक्ति' एक प्रयोगशाला (Laboratory) है। इसके पन्ने केवल पढ़ने के लिए नहीं, बल्कि **"आत्म-निरीक्षण"** (Self-Observation) के औजार हैं। इसमें दिए गए प्रयोग–चाहे वह **"गार्डन केस स्टडी"** हो या **"साक्षी भाव"** –आपको यह सिद्ध करने का मौका देंगे कि आपकी शांति की चाबी किसी और की जेब में नहीं, बल्कि आपके अपने ही 'बोध' में है।

मेरा उद्देश्य आपको 'दिलासा' देना नहीं है। दिलासा कमजोरों के लिए होता है। मेरा उद्देश्य आपको आपकी खोई हुई 'संप्रभुता' (Sovereignty) याद दिलाना है। मेरा मिशन आपको उस 'परम स्वतंत्रता'

(Ultimate Freedom) का स्वाद चखाना है जहाँ घटनाएं तो घटती हैं, पर वे आपको तोड़ नहीं पातीं।

तो, क्या आप अपनी ही बनाई जेल से बाहर निकलने के लिए तैयार हैं? पिंजरा खुला है। आकाश विस्तृत है। बस पंख फैलाने की देर है।

स्वागत है... **प्रमुक्ति** की दुनिया में।

— प्रमुक्त,

P

खंड 1

जागरण

(The Awakening)

अध्याय 1

भ्रम और यथार्थ

क्या यह दुनिया सपना है?

(सत्य का अन्वेषण)

जब भ्रम की दीवारें दरकती हैं, तब सत्य स्वतः ही प्रकट हो जाता है। जिस प्रकार बादलों के छंटते ही सूर्य का तेज अपने आप बिखर जाता है, ठीक उसी प्रकार जब संस्कारों की अनंत परतें उखड़ जाती हैं, तो सत्य का प्रकाश प्रस्फुटित हो उठता है। सत्य को कहीं बाहर से लाना नहीं है, क्योंकि सत्य तो सदैव विद्यमान है—अचल और अडिग। आवश्यकता है तो केवल उसके उद्घाटन की; असत्य के उन धूमिल परदों को हटाने की, जिन्होंने आपकी दृष्टि को धुंधला कर रखा है।

सत्य का सम्यक बोध ही वह पहली किरण है जो असत्य के अंधेरे को चीर देती है और प्राणी को यथार्थ का साक्षात दर्शन कराती है। दुख मुक्ति के मार्ग पर यह पहला और अनिवार्य कदम है। एक मनोवैज्ञानिक सत्य यह है कि सत्य को जाने, समझे और माने बिना, स्थाई सुख की कल्पना भी व्यर्थ है। सत्य और सुख, एक ही सिक्के के

दो पहलू हैं। वे एक-दूसरे के पूरक हैं। एक के बिना दूसरे का अस्तित्व महज एक स्वप्न है। यदि आप सत्य को पाएंगे, तो सुख छाया की भांति पीछे आएगा ही। और यदि आप सुख की कामना करते हैं, तो जान लीजिये कि वह सत्य के मार्ग से ही होकर आएगा।

इसलिए, प्रमुक्ति की इस यात्रा में सत्य का बोध, सत्य की समझ और सत्य पर अटूट विश्वास अनिवार्य है।

ज़रा ग़ौर से देखें, यह सारा जगत चेतनामय है। चेतना की एक इकाई आप हैं, एक इकाई मैं हूँ। यह संपूर्ण अस्तित्व चेतना की अनंत इकाइयों से स्पंदित और जीवंत है।

सत्य अर्थात यथार्थ

सत्य क्या है? जो है, जैसा है—वही सत्य है। यह जगत जो है, जैसा है, इसका यथार्थ बोध ही सत्य है। "मैं कौन हूँ?" और "यह संसार क्या है?"—इन प्रश्नों के उत्तर में छिपे यथार्थ को जान लेना ही सम्यक बोध है। यदि जीवन आनंद की एक यात्रा है, तो सत्य का बोध उस यात्रा का मील का पत्थर है।

इस अस्तित्व की बुनावट को समझने के लिए हमें उन तत्वों को समझना होगा जिनसे यह ब्रह्मांड बना है। संपूर्ण जगत मूलतः दो ही तत्वों की सृष्टि है—एक 'चेतना' और दूसरा 'परमाणु'।

जिसे कोई आत्मा कहता है, तो कोई जीवन ऊर्जा। भाषाएं भिन्न हो सकती हैं, शब्द अलग हो सकते हैं, किन्तु सार एक ही है। जो पदार्थ चैतन्य है, जो अनुभव करता है, वह **चेतना** है। इसके विपरीत, जो चैतन्य नहीं है, जो जड़ है, वह **परमाणु** (Matter) है। ये दोनों ही अति सूक्ष्म हैं। चेतना अरूपी और निराकार है, जबकि परमाणु रूपवान और साकार है। परमाणु एक-दूसरे से जुड़कर पहाड़, नदियाँ और शरीर जैसे आकार लेते हैं, जबकि चेतना स्वयंपूर्ण है—वह जुड़ती नहीं, बस प्रकाशित करती है।

सत्य का प्रथम पक्षः चेतना (The knower)

ज़रा ग़ौर से देखें, यह सारा जगत चेतनामय है। चेतना की एक इकाई आप हैं, एक इकाई मैं हूँ। यह संपूर्ण अस्तित्व चेतना की अनंत इकाइयों से स्पंदित और जीवंत है। यह जो दृष्टिगोचर जगत है, यह जो अनुभूतियों का सागर है, यह सब चेतना के होने का ही प्रमाण है।

चेतना वह तत्व है जो 'द्रष्टा' है—जो इस जगत को देखता है और स्वयं को भी अनुभव करता है। जिसके भीतर 'ज्ञान' का गुण है, वही चेतना है। रूप, रस, गंध और ध्वनि तो जड़ पदार्थों के गुण हैं, किन्तु जो इनका अनुभव करता है, जो इन्हें जानता है—वह अरूपी चेतना है। वही आप हैं। इस शरीर के भीतर बैठकर इस जगत को और स्वयं के होने को जानने वाली, संवेदन करने वाली वह चैतन्य शक्ति—वही आपका स्व-स्वरूप है।

मनुष्य ने यथार्थ संसार के ऊपर अपनी कल्पनाओं का, अपने मतों और आग्रहों का एक नकली संसार रच लिया है। वह अपनी ही बनाई मानसिक कारागार में फंसकर दुखी होता है, और फिर दोष संसार को देता है कि "संसार दुखमय है"।

चेतना का अस्तित्व शाश्वत है। वह अमर है, अमिट है। उसमें न कभी कुछ घटता है, न बढ़ता है। जिसे हम जन्म और मृत्यु कहते हैं, वह तो मात्र वस्त्र बदलने जैसी प्रक्रिया है—एक शरीर से वियोग और दूसरे से संयोग। जब एक शरीर इस यात्रा के लिए अनुकूल नहीं रहता, चेतना उसे त्यागकर नई यात्रा पर निकल पड़ती है। संयोग ही जन्म है, और वियोग ही मृत्यु। बालक जन्म लेता है, युवा होता है, वृद्ध होता है—शरीर और मन की अवस्थाएं निरंतर बदलती हैं, किन्तु भीतर जो 'जानने वाला' है, वह ज्यों का त्यों बना रहता है। वह नित्य है, अजर-अमर है, अविनाशी है। यही आपका सत्य है।

सत्य का द्वितीय पक्षः अचेतना (The object)

सत्य का दूसरा पक्ष है—शेष संसार। चेतना के अतिरिक्त जो कुछ भी है, वह अचेतन परमाणु है। चेतना पर लिपटे हुए ये शरीर, ये इंद्रियाँ, ये मन के आवरण—सब जड़ परमाणुओं का खेल है। जो भी रूप हमें दिखाई देते हैं, जो ध्वनियां सुनाई देती हैं, जो स्पर्श हम महसूस करते हैं, वे सब परमाणुओं का नर्तन है। चेतना से संयुक्त यह शरीर भी परमाणुओं का एक पिंड मात्र है, और मानव निर्मित तमाम मशीनें, भवन और वस्तुएं इन्हीं परमाणुओं के स्कंध हैं।

यहाँ एक अद्भुत द्वैत है—एक 'अनुभूति करने वाला' (चेतना) और दूसरा 'अनुभूत होने वाला' (जड़)। चेतना की भांति ही, अचेतना का प्रत्येक परमाणु भी अमर है। विज्ञान भी यही कहता है कि पदार्थ न तो पैदा किया जा सकता है, न नष्ट। आकृतियां बनती और बिगड़ती हैं, मगर मूल परमाणु वही रहता है। कुछ परमाणु पास आए, एक रूप बन गया; एक विशेष ध्वनि, एक विशेष स्पर्श का जन्म हुआ। समय का चक्र घूमा, संयोग टूटा, और वह रूप बिखर गया। रूप नष्ट हुआ है, परमाणु नहीं। पर्यायें बदलती रहती हैं—एक जाती है, दूसरी आती है—किंतु पदार्थ अनादि से अनंत तक वही है।

द्वैत का संगम: यथार्थ

यहाँ एक बहुत बड़ी भ्रांति तोड़ने की आवश्यकता है। अक्सर कहा जाता है कि "संसार माया है" या "जगत स्वप्न है"। नहीं! प्रमुक्ति का दर्शन कहता है कि चेतना और परमाणु के संयोग से बना यह संसार, जो निरंतर परिवर्तित हो रहा है, पूर्णतः सत्य है, यथार्थ है। यह कोई जादुई छल नहीं है।

माया जगत में नहीं है, माया मनुष्य के 'मन' में है। माया तो हमारी वह दृष्टि है जो सत्य को जैसा है, वैसा नहीं देख पाती। मनुष्य ने यथार्थ संसार के ऊपर अपनी कल्पनाओं का, अपने मतों और आग्रहों का एक नकली संसार रच लिया है। वह अपनी ही बनाई मानसिक

कारागार में फंसकर दुखी होता है, और फिर दोष संसार को देता है कि "संसार दुखमय है"।

संसार किसी परमसत्ता द्वारा चलाया जा रहा कोई कठपुतली का खेल नहीं है। यह चेतना और अचेतना की एक अनूठी, अनादि और अनंत स्व-कला (Self-art) है। यह स्वयंभू है। यहाँ प्रत्येक इकाई अपनी नियति का निर्माण स्वयं कर रही है। नित्य प्रवाहित होती यह अस्तित्व की धारा ही परम सत्य है।

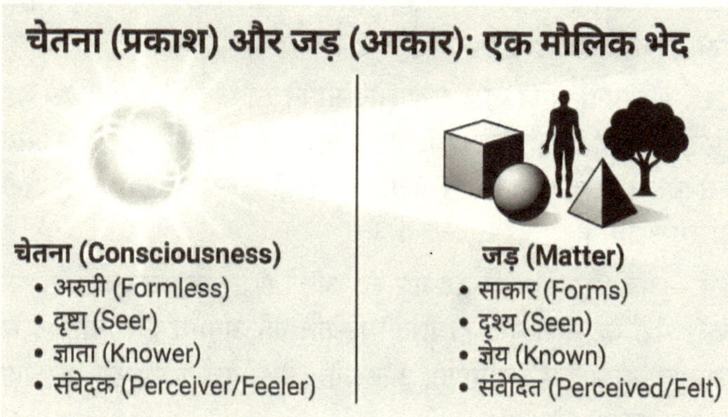

बोधप्रयोग – सत्य का साक्षात्कार
(Realizing the Truth)

शब्दों को पढ़ लेना मात्र जानकारी है, सत्य को जी लेना ही ज्ञान है। अभी, इसी क्षण, सत्य के उस प्रथम पक्ष–अपनी 'चेतना'–का अनुभव करने के लिए एक छोटा सा प्रयोग करें।

विधि:

विश्राम – जहाँ भी आप बैठे हैं, शरीर को ढीला छोड़ दें। रीढ़ सीधी रखें, किन्तु तनी हुई नहीं।

दृश्य – अपनी आँखें खुली रखें और सामने रखी किसी वस्तु (जैसे यह पुस्तक या मोबाइल) को देखें। वह वस्तु 'दृश्य' है (परमाणु), और आप उसे 'देखने वाले' (चेतना) हैं। देखने वाला और दिखने वाली वस्तु, दोनों अलग-अलग हैं।

देह – अब धीरे से आँखें बंद कर लें। अपने शरीर के वजन को महसूस करें। पैरों के स्पर्श को, हाथों की स्थिति को अनुभव करें। यह शरीर 'अनुभूत' हो रहा है (परमाणु), और जो इसे भीतर से महसूस कर रहा है, वह आप हैं (चेतना)।

विचार – अब अपने मन की ओर मुड़ें। क्या कोई विचार चल रहा है? क्या कोई भावना है? उसे बस देखें। जैसे आकाश में बादल तैरते हैं, वैसे ही मन के आकाश में विचार तैर रहे हैं। विचार 'जड़' है (सूक्ष्म परमाणु), और जो उन्हें आते-जाते देख रहा है, वह 'चैतन्य' है।

प्रमुक्ति सूत्र

"मैं वह नहीं हूँ जो बदल रहा है (शरीर और विचार)। मैं वह स्थिर प्रकाश हूँ, जिसके उजाले में यह सब बदलता हुआ दिखाई दे रहा है। मैं दृष्टा हूँ, दृश्य नहीं।"

जब यह भेद स्पष्ट हो जाता है, तो दुख चिपकना बंद हो जाता है। आप कीचड़ में पड़े हीरे की तरह हो जाते हैं–संसार के बीच, पर उससे अलिप्त। सत्य का यह बोध ही दुखों की जंजीरों को पिघलाने वाली पहली चिंगारी है।

अध्याय 2

मैं कौन हूँ?

शरीर और चेतना का भेद

(स्वयं की पहचान)

प्रथम अध्याय में आपने सत्य के दो मूल आधारस्तंभों—चेतना और परमाणु—का परिचय प्राप्त किया। आपने जाना कि आप 'दृश्य' नहीं, बल्कि 'द्रष्टा' हैं। अब प्रश्न उठता है कि यदि मैं चेतना हूँ, तो मेरे भीतर ये सुख-दुख, राग-द्वेष और परिवर्तन की आंधियां क्यों चलती हैं? इस रहस्य को समझने के लिए हमें सत्य के स्वभाव (Nature of Truth) में थोड़ा और गहरा उतरना होगा।

जब हम तत्वों की बात करते हैं, तो तीन सुनहरे सूत्र हमारे सामने आते हैं, जो दुख मुक्ति के विज्ञान की धुरी हैं—अनंतता, नित्यता और स्वतंत्रता।

1. तत्व का अनंत स्वरूप
(The Eternal Flow)

अस्तित्व का एक अटल नियम है—जो 'है', वह कभी मिटता नहीं। प्रत्येक तत्व—चाहे वह चेतना हो या परमाणु—अजर, अमर और अविनाशी है। उसमें न कभी रत्ती भर कुछ घटता है, न बढ़ता है। तो फिर यह 'बदलाव' क्या है जिसे हम रोज़ देखते हैं?

यह बदलाव 'तत्व' का नहीं, उसकी 'अवस्था' (State) का है। ज़रा मिट्टी को देखें। कुम्हार की चाक पर वही मिट्टी 'घड़ा' बन जाती है। समय की ठोकर लगती है, घड़ा टूटता है और पुनः 'मिट्टी' हो जाता है। वही मिट्टी किसी वृक्ष की जड़ों द्वारा सोख ली जाती है और 'काष्ठ' (लकड़ी) बन जाती है। अग्नि उसे जलाती है, वह 'राख' बन जाती है और अंततः पुनः मिट्टी में मिल जाती है। रूप बदल रहे हैं—घड़ा, लकड़ी, राख—किंतु मूल तत्व 'मिट्टी' सदैव ज्यों का त्यों है।

दुख का मूल कारण यही है कि हम 'अनित्य' को 'नित्य' मानकर पकड़ लेते हैं। जो स्वभाव से ही बह जाने वाला है, उसे हम थामने की कोशिश करते हैं, और जब वह छूटता है, तो हम रोते हैं।

ठीक इसी प्रकार आपकी चेतना का प्रवाह है। आप कभी आनंदित होते हैं, तो कभी क्रोधित। कभी अज्ञान के अंधेरे में होते हैं, तो कभी ज्ञान के प्रकाश में। कभी प्रेम उमड़ता है, तो कभी ईर्ष्या। ये क्रोध, प्रेम, अज्ञान और ज्ञान—ये सब आपकी चेतना की बदलती हुई 'अवस्थाएं' (States) हैं, आप नहीं। जैसे घड़े के टूटने से मिट्टी नहीं मरती, वैसे ही क्रोध के जाने से आप नहीं मिटते। अवस्थाओं का यह चक्र निरंतर चलता रहता है, परंतु उन सबके भीतर साक्षी रूप में बैठा हुआ 'तत्व' (आप) सदैव विद्यमान रहता है।

2. नित्य और अनित्य का संगम

यही सत्य का सबसे बड़ा विरोधाभास और सबसे बड़ा सौंदर्य है। अस्तित्व की दृष्टि से आप 'नित्य' हैं, और अवस्था की दृष्टि से आप 'अनित्य' हैं।

चेतना और परमाणु का होना 'अनादि-अनंत' है। शांति, ज्ञान और अनुभूति—ये चेतना के मूलभूत स्वभाव हैं जो सदैव उसके साथ रहते हैं, जैसे अग्नि के साथ उष्णता। यह आपका **नित्य स्वरूप** है। किंतु, ज्ञान, भाव और अनुभूतियों की जो लहरें उठती हैं, वे **अनित्य** हैं। जैसे समुद्र नित्य है, पर लहरें अनित्य। आप एक क्षण क्रोध का अनुभव करते हैं, दूसरे क्षण वह विलीन हो जाता है और प्रेम आ जाता है। एक भाव जन्म लेता है, अपनी आयु पूरी करता है और नष्ट हो जाता है।

परमाणु जगत में भी यही खेल है। रूप, रस, गंध, और स्पर्श उसके गुण हैं। लेकिन किसी वस्तु का रंग आज हरा है, कल पीला हो जाएगा। वस्तु वही है, रंग की पर्याय बदल गई। दुख का मूल कारण यही है कि हम 'अनित्य' (बदलने वाली अवस्था) को 'नित्य' मानकर पकड़ लेते हैं। जो स्वभाव से ही बह जाने वाला है, उसे हम थामने की कोशिश करते हैं, और जब वह छूटता है, तो हम रोते हैं।

3. तत्व की परम स्वतंत्रता

(The Law of Independence)

अब हम प्रमुक्ति के सबसे क्रांतिकारी सिद्धांत पर आते हैं। यह वह सत्य है जो आपको मानसिक दासता (Mental Slavery) से मुक्त कर सकता है। सिद्धांत यह है: **"एक तत्व का गुण कभी दूसरे तत्व का गुण नहीं बन सकता, और एक तत्व कभी दूसरे तत्व को प्रभावित नहीं कर सकता।"**

इसे गहराई से समझें। रूप, रस, स्पर्श और गंध 'जड़' परमाणुओं के गुण हैं। उनके भीतर सुख या दुख महसूस करने की क्षमता नहीं है। एक पत्थर को चोट नहीं लगती, क्योंकि उसमें 'अनुभूति' का गुण नहीं है। अनुभूति केवल 'चेतना' का गुण है। इसका अर्थ यह हुआ कि जड़

जगत (संसार, वस्तुएं, परिस्थितियां) के पास वह शक्ति ही नहीं है कि वह चेतना (आपको) को सुखी या दुखी कर सके। जड़ में भाव उत्पन्न करने की क्षमता ही नहीं है।

यही तत्व का **स्वतंत्र स्वरूप** है। आप पूर्णतः स्वतंत्र हैं। संसार की कोई भी ताकत–चाहे वह कोई व्यक्ति हो, वस्तु हो, या कठिन परिस्थिति हो–जबरदस्ती आपके भीतर दुख, क्रोध या भय का संचार नहीं कर सकती। यह असंभव है।

बोधप्रयोग – अपनी स्वतंत्रता की घोषणा (Practice: Reclaiming Sovereignty)

इस ज्ञान को केवल पढ़ना नहीं है, इसे जीवन का अस्त्र बनाना है।

चरण 1 – नित्य से जुड़ाव (Connect to the Eternal)

जब भी मन अशांत हो, स्वयं को याद दिलाएं: "यह अशांति मेरी एक अवस्था है, यह मैं नहीं हूँ। जैसे बादल आकाश को नहीं बदल सकते, यह अवस्था मुझे नहीं बदल सकती। मैं नित्य हूँ, शांत हूँ।" अनित्य से जुड़ाव तोड़ें, क्योंकि अनित्य का वियोग निश्चित है। जो आज मिला है, वह कल बिछड़ेगा ही। यदि आप अनित्य (संयोगों) में सुख ढूँढेंगे, तो परिणाम में दुख ही मिलेगा। अपने नित्य स्वरूप में लौटें।

चरण 2 – स्वतंत्रता का अभ्यास (Exercise Independence)

दुख मुक्ति का अचूक उपाय 'स्वतंत्रता के बोध' में है। क्या आप दुखी हैं? तनाव में हैं? तो रुकिए और देखिए। यह तनाव किसी बाहर वाले ने नहीं दिया। यह 'पर' तत्वों (Other elements) के प्रति आपके अज्ञान और भ्रम का परिणाम है। भ्रम यह है कि "उस व्यक्ति ने मुझे दुखी किया" या "इस परिस्थिति ने मुझे तोड़ा"। सत्य यह है कि **दुख आपका अपना चुनाव है।**

दुख, पीड़ा, चिंता—ये सब आपकी चेतना के भीतर उत्पन्न हुए भाव हैं, बाहर से आया हुआ पार्सल नहीं। चूँकि आप स्वतंत्र हैं, आप इस क्षण 'आनंद' को भी चुन सकते हैं। आनंद, शांति और प्रेम कहीं बाहर से नहीं लाने हैं, ये आपका स्वभाव हैं। आप अपनी चेतना के स्वामी हैं। संसार की किसी भी वस्तु या व्यक्ति को आप नियंत्रित नहीं कर सकते, पर अपनी प्रतिक्रिया (Reaction) और अपनी अनुभूति (Feeling) पर आपका एकछत्र राज है।

प्रमुक्ति सूत्र

स्वयं को दीन-हीन या परिस्थितियों का मारा हुआ मानना बंद करें। यह सत्य का अपमान है। अज्ञान के इस परदे को हटा दें कि आप दूसरों के हाथ की कठपुतली हैं। अपनी स्वतंत्रता का उद्घोष करें। जब आप यह मान लेते हैं कि "मेरा सुख और दुख मेरा अपना सृजन है," उसी क्षण आप प्रमुक्ति के द्वार पर खड़े हो जाते हैं।

अध्याय 3

स्वभाव की पुकार

परम स्वतंत्रता

(बंधन से मुक्ति की ओर)

सत्य के परिचय का पहला कदम था—तत्वों के अस्तित्व को जानना। अब हम दूसरे और गहरे कदम की ओर बढ़ते हैं—तत्वों के **स्वभाव** (Nature) को पहचानना।

यदि आप अस्तित्व की नब्ज़ टटोलेंगे, तो पाएंगे कि इस ब्रह्मांड के कण-कण में एक ही धुन बज रही है, एक ही प्यास जागी हुई है—और वह प्यास है '**मुक्ति**' की। स्वतंत्रता की।

मुक्तिः पदार्थ की प्यास

जरा ध्यान से देखें। इस जगत में प्रत्येक वस्तु जो निर्मित होती है, वह नष्ट होती हुई प्रतीत होती है। एक फूल खिलता है और मुरझा जाता है; पत्थर घिसकर रेत बन जाता है। हमारी सामान्य दृष्टि इसे 'विनाश' कहती है, मृत्यु कहती है। किन्तु यह एक भ्रामक दृष्टि है। गहराई में

उतरें तो पता चलता है कि वस्तु के भीतर बैठा 'परमाणु' (Atom) कैद से मुक्त होना चाहता है। विज्ञान गवाह है कि जब एक परमाणु अपनी संरचना को तोड़ता है, जब वह मुक्त होता है, तो वह असीम शक्ति का विस्फोट बन जाता है। वह ऊर्जा का अनंत पुंज बन जाता है। अतः, किसी वस्तु का टूटना 'मृत्यु' नहीं, बल्कि उसके भीतर छिपी शक्ति का 'मोक्ष' है। शक्तिसंपन्न हो जाने की यह प्यास अत्यंत स्वाभाविक है।

जो आप सुख खोज रहे हैं, जो शांति मांग रहे हैं, वह और कुछ नहीं, बस अपने घर (मूल स्वभाव) लौटने की, प्रमुक्ति की ही प्यास है।

मुक्ति: चेतना की प्यास

यदि एक जड़ परमाणु मुक्त होकर इतनी प्रचंड ऊर्जा प्रकट कर सकता है, तो ज़रा कल्पना करें कि जब 'चेतना' (आप) मुक्त होगी, तो क्या घटित होगा? मुक्त चेतना परमाणु से भी अनंत गुना अधिक शक्तिशाली है। जब चेतना अपने बंधनों से मुक्त होती है, तो वह:

1. अनंत ज्ञान को उपलब्ध होती है (सर्वकालिक सत्य)।
2. अनंत सुख में स्थिर हो जाती है।
3. परम शांति और आनंद से भर जाती है।

यह वह स्थिति है जहाँ आपको सुखी होने के लिए किसी दूसरे व्यक्ति, किसी वस्तु, या किसी परिस्थिति की बैसाखी की आवश्यकता नहीं रहती। परतंत्रता समाप्त हो जाती है। आप 'स्वयंपूर्ण' हो जाते हैं। संसार का हर प्राणी—चाहे वह चींटी हो या मनुष्य—अनजाने में इसी 'स्वभाव' को खोज रहा है। जो आप सुख खोज रहे हैं, जो शांति मांग रहे हैं, वह और कुछ नहीं, बस अपने घर (मूल स्वभाव) लौटने की, प्रमुक्ति की ही प्यास है।

उहापोह का मनोविज्ञान: स्वभाव बनाम विभाव

प्रश्न उठता है: "यदि हम स्वभाव से ही आनंदमय हैं, तो जीवन में यह संघर्ष, यह उहापोह, और कर्मों का यह जंजाल क्यों है?"

उत्तर सरल है: विभाव दशा (Distorted State)।

तत्व की मुख्य रूप से दो अवस्थाएं होती हैं:

1. स्वभाव दशा (Natural State) – यह शुद्ध अवस्था है। जैसे शुद्ध जल, जो पारदर्शी और शीतल है। यहाँ चेतना अपनी पूरी शक्ति, ज्ञान और आनंद के साथ प्रकट होती है।
2. विभाव दशा (Distorted State) – यह अशुद्ध अवस्था है। जैसे कीचड़ मिला हुआ जल। यहाँ चेतना की शक्तियाँ विकारों (तृष्णा, अहंकार, राग, द्वेष) के नीचे दमित हो जाती हैं।

यह संसार, जिसे हम देखते हैं—यह जो 'मायाजाल' है—यह चेतना की 'विभाव दशा' का ही विस्तार है। जब तक चेतना भ्रम में फंसी है, वह दुख की भट्ठी में जलती रहती है। प्रमुक्ति का मार्ग कोई पूजा-पाठ नहीं है, यह एक वैज्ञानिक प्रक्रिया है—चेतना को 'विभाव' से निकालकर पुनः 'स्वभाव' में प्रतिष्ठित करने की। यह धूल झाड़कर दर्पण को चमकाने जैसा है।

तत्वसार: परम सत्य की घोषणा

इस अध्याय का निचोड़ (Essence) अपने हृदय में अंकित कर लें: **तत्वसार केवल एक है—चेतना। और वह चेतना 'आप' हैं।**

आप कोई भौतिक वस्तु नहीं हैं। आप यह शरीर नहीं हैं। आप मन में उठने वाले विचार या भाव भी नहीं हैं। आप इन सबसे भिन्न, एक अनूठा, अजर, अमर और अविनाशी अस्तित्व हैं। स्वभाव से आप 'परम सुखी' हैं। सत्य तो यह है कि दुनिया की कोई भी ताकत आपको दुखी नहीं कर सकती, और न ही सुखी कर सकती है। केवल आपका अपना **'अज्ञान'** आपको पीड़ित रखता है, और आपका **'स्व-बोध'** (Self-realization) आपको मुक्त करता है। जैसे ही आप जागते हैं, आप

पाते हैं कि आप तो सम्राट हैं, जो व्यर्थ ही भिखारी बनकर घूम रहा था।

बोधप्रयोग – प्रमुक्ति की जीवन शैली
(Applied Psychology of Pramukti)

स्वरूप की समझ आपको 'निर्भय' बनाती है और स्वभाव का ज्ञान आपको 'स्थायी सुख' देता है। इसे जीवन में उतारने के लिए इन दो दृष्टियों (Perspectives) का अभ्यास करें:

नित्य दृष्टि (The Eternal View)

भय मुक्ति के लिए स्वयं को एक अमर चेतना के रूप में देखें।

प्रयोग – जब भी मृत्यु या विनाश का भय सताए, स्मरण करें– "मैं चेतना हूँ। शरीर बदलता है, मैं नहीं। मैं नित्य हूँ।"

परिणाम – स्वयं के मिट जाने का भय समाप्त हो जाएगा।

प्रयोग (वियोग के समय) – यदि किसी प्रियजन की मृत्यु हो या कोई बिछड़ जाए, तो नित्य दृष्टि लाएं। "वे मिटे नहीं हैं, केवल वियोग हुआ है। शरीर का वस्त्र बदला है, चेतना तो यहीं अस्तित्व में विद्यमान है।"

परिणाम – यह सोच वियोग के गहरे घाव को भर देती है।

अनित्य दृष्टि (The Transient View)

दुख मुक्ति के लिए संसार को, परिस्थितियों को और संयोगों को 'अनित्य' मानें।

प्रयोग (सामग्री/परिस्थिति के समय) – आज धन है, कल नहीं होगा। आज स्वास्थ्य है, कल बीमारी आ सकती है। आज मन शांत है, कल अशांत हो सकता है। यह सब 'पर्याय' (Changing modes) है।

परिणाम – जब आप जानते हैं कि "यह भी बदल जाएगा", तो आप सुख में पागल नहीं होते और दुख में टूटते नहीं।

प्रमुक्ति सूत्र

चेतना (आप) और परमाणु (संसार)–इन दोनों के तात्विक सत्य को जो समझ लेता है, उसका जीवन एक 'क्रीड़ा स्थली' (Playground) बन जाता है। वह संसार में रहता तो है, पर कमल के पत्ते की भांति–पानी में रहकर भी निर्लिप्त। यही प्रमुक्ति है। यही दुख मुक्ति का सार्वकालिक विज्ञान है।

अध्याय 4

मानसिक गुलामी

मन के चार अदृश्य पिंजरे

(हमारे दुखों का असली कारण)

पिछले अध्यायों में हमने सत्य के सीधे, सरल और संक्षिप्त स्वरूप को जाना। सत्य एक सीधी लकीर है, परंतु असत्य एक टेढ़ी-मेढ़ी भूलभुलैया है। सत्य को जानना तो आसान है, पर उसे जीना कठिन क्यों है? इसका एक ही कारण है–असत्य का व्यापक और मोहक साम्राज्य। असत्य हमें बांधे रखता है, भ्रम में रखता है और हमारी चेतना को उसके स्वभाव (शांति और आनंद) तक पहुँचने नहीं देता। इसलिए, प्रमुक्ति की यात्रा में सत्य को जानने से पहले असत्य को पहचानना और उसे नकारना अनिवार्य है। जैसे घाव पर दवा लगाने से पहले मवाद निकालना ज़रूरी है, वैसे ही सत्य को स्थापित करने से पहले असत्य का विसर्जन ज़रूरी है।

आइए, असत्य के उन चार प्रमुख स्तम्भों (Four Pillars of Falsehood) को ढहा दें, जिन पर हमारे दुखों का महल खड़ा है।

अंधविश्वास स्थूल होते हैं, आसानी से दिख जाते हैं; परंतु मिथ्यात्व सूक्ष्म होता है। यह तर्क का लबादा ओढ़कर आता है, इसलिए अधिक खतरनाक है।

1. असत्य का प्रथम अवयव: अंधविश्वास (Blind Faith)

मानव मन ने जहाँ-जहाँ अज्ञान देखा, वहाँ-वहाँ अंधविश्वास की रचना कर ली। अंधविश्वास क्या है? वे सभी मान्यताएं जो तर्क और विज्ञान की कसौटी पर खरी नहीं उतरतीं। ग्रह-नक्षत्रों का डर, शुभ-अशुभ मुहूर्त की चिंता, बिल्ली का रास्ता काटना, छींक आना, या किसी दैवीय कोप से बचने के लिए किए जाने वाले अनुष्ठान—ये सब अंधविश्वास हैं। इनकी जड़ में केवल दो ही भावनाएं छिपी हैं: **लाभ का लोभ** या **हानि का भय**।

मनुष्य सोचता है कि यदि वह अमुक पूजा करेगा, तो उसे पुत्र-रत्न मिलेगा, या यदि वह अमुक ताबीज़ पहनेगा, तो उसका व्यापार चलेगा। यह सोचना ही सत्य का अपमान है। सत्य यह है कि जगत की प्रत्येक घटना 'स्वतंत्र' है और 'संयोगवश' घटती है। किसी बिल्ली के चलने से आपकी कार दुर्घटना का कोई वैज्ञानिक 'कार्य-कारण' (Cause and Effect) संबंध नहीं है। सुख और दुख बाहर की घटनाओं में नहीं, आपकी चेतना के भीतर हैं। जब आप यह जान लेते हैं कि "मेरा सुख मेरे अधीन है, किसी ग्रह या मुहूर्त के नहीं," तो सारे अंधविश्वास सूखे पत्तों की तरह झड़ जाते हैं।

2. असत्य का द्वितीय अवयव: मिथ्यात्व (False Beliefs)

अंधविश्वास स्थूल होते हैं, आसानी से दिख जाते हैं; परंतु मिथ्यात्व (Mithyatva) सूक्ष्म होता है। यह तर्क का लबादा ओढ़कर आता है, इसलिए अधिक खतरनाक है। उदाहरण के लिए, यह मानना कि "धन कमाने से सुख मिलता है"—यह एक मिथ्यात्व है। यह बात ऊपर से तार्किक लगती है क्योंकि हम धनी लोगों को सुविधाओं में देखते हैं। किंतु सत्य के बोध से पूछिए: क्या जड़ 'रुपये' में सुख नाम का गुण है? नहीं। सुख चेतना का गुण है। यदि धन में सुख होता, तो वह हर धनी व्यक्ति को समान रूप से मिलता। पर ऐसा नहीं है। मिथ्यात्व का मूल आधार है– **'पर' (Other) से सुख की आस।** यह मानना कि कोई दूसरा व्यक्ति मुझे सुखी कर सकता है, या कोई विशेष स्थान मुझे शांति दे सकता है, कोरा मिथ्यात्व है। न कोई आपको सुखी कर सकता है, न दुखी। शक्ति आपके पास है। जब आप अपनी खुशियों की चाबी दूसरों की जेब में ढूंढ़ना बंद कर देते हैं, तब मिथ्यात्व का अंत होता है।

अस्तित्वहीन भूत और भविष्य के लिए, अस्तित्ववान वर्तमान की बलि चढ़ा देना जीवन का सबसे बड़ा अज्ञान है।

3. असत्य का तृतीय अवयव: संस्कार (Conditioning)

असत्य का तीसरा और सबसे गहरा जाल है—संस्कार। हम जब पैदा होते हैं, तो शुद्ध चेतना होते हैं। फिर परिवार, समाज, और धर्म हमें अपनी मान्यताओं के सांचे में ढालना शुरू करते हैं। "तुम इस जाति के हो," "तुम उस धर्म के हो," "गोरा रंग अच्छा है, काला बुरा"—ये सब सीखे हुए संस्कार हैं। इन्हीं संस्कारों ने दुनिया को जातिवाद, रंगभेद और धर्म-युद्धों की आग में झोंका है। सत्य का प्रकाश पड़ते ही यह भेद मिट जाता है। एक प्रमुक्त चेतना देखती है कि सभी शरीरों

(परमाणु) के भीतर जो 'जानने वाला' तत्व (चेतना) है, वह एक समान है। जैसे अलग-अलग रंग के बल्बों में बिजली एक ही है, वैसे ही भिन्न-भिन्न शरीरों में चेतना एक ही है। जब आप सत्य की दृष्टि से देखते हैं, तो न कोई हिन्दू है, न बौद्ध, न ईसाई, न मुसलमान; न कोई ब्राह्मण, न शूद्र। केवल चेतना है। यह दृष्टि ही विश्व-शांति का एकमात्र आधार है।

4. असत्य का चतुर्थ अवयव: कल्पना (Imagination - Past & Future)

असत्य का सबसे कष्टप्रद रूप है—भूत और भविष्य में जीना। **सत्य केवल 'वर्तमान' है।** जो बीत गया (भूत), वह अब अस्तित्व में नहीं है, वह केवल स्मृति (Memory) है। जो आने वाला है (भविष्य), वह भी अभी नहीं है, वह केवल कल्पना है। हमारा 90% दुख या तो बीती बातों को याद करके होता है या आने वाले कल की चिंता करके। हम उस चीज़ के लिए रो रहे हैं जो है ही नहीं! यह पागलपन नहीं तो और क्या है? अस्तित्वहीन भूत और भविष्य के लिए, अस्तित्ववान वर्तमान की बलि चढ़ा देना जीवन का सबसे बड़ा अज्ञान है।

बोधप्रयोग – सत्य का शल्य-कर्म

(Operation: Removing the Falsehood)

प्रमुक्ति कोई सिद्धांत नहीं, एक जीवन शैली है। अपनी चेतना की सर्जरी (Surgery) करने के लिए इन प्रयोगों को आज से ही अपनाएं:

1. **भ्रम-मुक्ति** (Dispel the Illusion):

- निरीक्षण – अपने दिनभर के विचारों को देखें। जहाँ भी आपको लगे कि आप किसी बाहरी वस्तु, व्यक्ति या मुहूर्त से डर रहे हैं, रुकें। स्वयं से कहें: "यह अंधविश्वास है। मैं स्वतंत्र चेतना हूँ। कोई पर-तत्व मेरा अहित नहीं कर सकता।"
- मिथ्यात्व-भंजन – जब मन कहे कि "नई कार आने पर मैं खुश होऊंगा," तो उसे सुधारें: "सुख कार में नहीं, मेरे संतोष में है। कार सुविधा दे सकती है, सुख नहीं।"

2. **वर्तमान में जीने का अभ्यास** (Live in the Now):

- जब भोजन करें, तो केवल स्वाद लें (भविष्य की चिंता न करें)।
- जब चलें, तो पैरों के स्पर्श को महसूस करें (भूतकाल की स्मृतियों में न खोएं)।
- जीवन को ऐसे जीयें मानो आज ही जन्म हुआ हो। न कोई पुराना बैर, न आने वाली कल की चिंता। जो सामने है, उसे पूर्ण स्वीकार भाव से गले लगाएं।

मन के चार पिंजरे
(The Four Cages of the Mind)

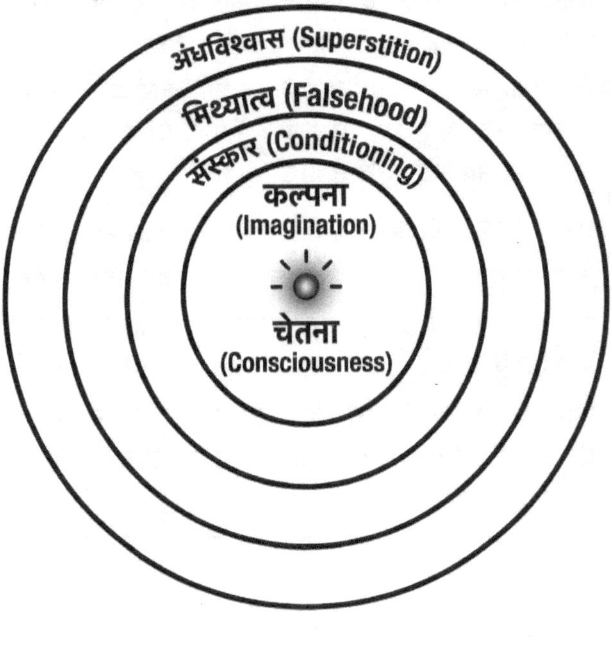

प्रमुक्ति सूत्र

जैसे-जैसे आप अंधविश्वास, मिथ्यात्व, संस्कार और कल्पना के जालों को काटते जाएंगे, आप पाएंगे कि आप हल्के हो रहे हैं। जिन परिस्थितियों में पहले आपको गुस्सा आता था, अब वहां मुस्कुरायेंगे। जिन लोगों से शिकायत थी, अब उनके प्रति करुणा जागेगी। असत्य से मुक्ति ही दुखों से मुक्ति है। जब आप असत्य को छोड़ देते हैं, तो सत्य (आनंद) को पाने की ज़रूरत नहीं पड़ती–वह तो वहाँ पहले से ही था, बस प्रकट हो जाता है।

मित्र! 'यथार्थ बोध' की इस यात्रा का प्रथम चरण यहाँ पूर्ण होता है। अब तक आपने जाना कि इस जगत के दो ही मूल तत्व हैं–एक 'चेतना' (आप) और दूसरा 'परमाणु' (संसार)। आपने यह भी जाना कि आप शरीर नहीं, बल्कि उसे जानने वाले 'द्रष्टा' हैं। हमने अंधविश्वास, मिथ्यात्व और कल्पनाओं के उन जालों को भी काट दिया जो सत्य को ढक रहे थे।

किंतु, यहाँ एक गहरा प्रश्न उठता है: "यदि मैं स्वभाव से ही आनंदमय और मुक्त चेतना हूँ, तो मुझे दुख का अनुभव क्यों हो रहा है? वह कौन सी जंजीर है जिसने मुझे इस अनित्य संसार से बांध रखा है?"

सत्य को जान लेना ही काफ़ी नहीं है, उस 'अज्ञान' को पहचानना भी आवश्यक है जो दुख की जड़ है। जैसे डॉक्टर इलाज से पहले बीमारी का निदान (Diagnosis) करता है, वैसे ही प्रमुक्ति के लिए हमें अपने भीतर छिपे उन शत्रुओं को पहचानना होगा जो हमें चैन से बैठने नहीं देते।

अगले खंड में हम **'दुख के मूल'** (The Root of Suffering) की गहराइयों में उतरेंगे। हम जानेंगे कि कैसे अज्ञान से 'विकृतियां' जन्म लेती हैं और कैसे आसक्ति, तृष्णा और अहंकार मिलकर हमारे जीवन को नर्क बना देते हैं। तैयार हो जाइये, अब हम अपनी चेतना का 'ऑपरेशन' शुरू करने वाले हैं।

खंड 2

दुखों का मनोविज्ञान

(The Psychology of Suffering)

दुख की जड़ **अज्ञान** है। "यथार्थ बोध" का अभाव ही अज्ञान का कारण है। जब सत्य का सूर्य अस्त होता है, तभी अज्ञान का अंधकार छाता है। इस अज्ञान से **'विकृतियां'** (Distortions) जन्मती हैं और विकृतियों से **'विकार'** (Impurities) उत्पन्न होते हैं।

ये विकृतियां और विकार ही दुख की अलग-अलग पर्यायें हैं। यथार्थ का बोध चेतना को इन विकृतियों और विकारों से मुक्त करता है और उसे 'प्रमुक्ति' में प्रतिष्ठित करता है।

इस भाग में हम गहराई से जानेंगे कि विकृतियां और विकार क्या हैं? वे चेतना को कैसे दुख और बंधन में जकड़ते हैं? और कैसे यथार्थ के प्रयोग द्वारा इनसे मुक्त होकर असीम सुख, शांति और आनंद को पाया जा सकता है?

अध्याय 5

आसक्ति

दुखों की जड़

(पकड़ने और छोड़ने का विज्ञान)

"जो आसक्त है, वह आबद्ध है और जो निरासक्त है, वह मुक्त। भांति-भांति के दुख आसक्ति का परिणाम हैं और निरासक्ति परम सुख का स्रोत।"

आसक्ति (Attachment) चेतना की मुख्य विकृति है। यह चेतना की सबसे निकटतम बीमारी है और दुख का मुख्य कारण भी। सूत्र सरल है: जो जितना आसक्त, वह उतना दुखी; जो जितना आसक्त, वह उतना आबद्ध (Bound)।

आसक्ति एक खिंचाव है, एक ऐसी 'चिपकाहट' है जो चेतना को बांधे रखती है। यह चेतना के विकास की सबसे बड़ी बाधा है। आसक्त मनुष्य व्यक्तियों, सामग्रियों और स्थानों के मोह-जाल में ऐसा फंस जाता है कि वह जीवन के असीमित आकाश की उड़ान नहीं भर

पाता। वह जीवन के अनंत अनुभवों और अनुभूतियों से वंचित रह जाता है।

निरासक्त व्यक्ति के भीतर एक नैसर्गिक साहस का जन्म होता है। वह सफलता और असफलता में अप्रभावित रहता है। वह संयोग और वियोग के सत्य को स्वीकार करता है।

संकीर्णता का कारागार

आसक्ति व्यक्ति को रोक कर रखती है:

- व्यक्तियों की आसक्ति – अपनों से दूर नहीं जाने देती।
- वस्तुओं की आसक्ति – पुरानी चीजों से बांधे रखती है।
- स्थानों की आसक्ति – नए क्षितिज तलाशने नहीं देती।

इस कारण व्यक्ति एक बहुत छोटे दायरे में सिमट कर रह जाता है। वह संसार के अनेक पहलुओं को छू ही नहीं पाता, फलस्वरूप उसका आत्मिक विकास अवरुद्ध हो जाता है। आसक्ति का भाव व्यक्ति को 'दृष्टिहीन' बना देता है। जिन व्यक्तियों या वस्तुओं में वह आसक्त होता है, उनके आगे उसे कुछ दिखाई ही नहीं देता। उसकी पूरी दुनिया उसी एक बिंदु पर सिकुड़ जाती है।

दुख का निर्माण और नियंत्रण का भ्रम

दूसरा पक्ष यह है कि आसक्ति सक्रिय रूप से दुख का निर्माण करती है। आसक्त व्यक्ति स्वयं तो बंधन में जीता ही है, साथ ही जिनके प्रति वह आसक्त है, उन्हें भी बांधने की कोशिश करता है। वह उन पर 'नियंत्रण' (Control) रखना चाहता है।

यही नियंत्रण का प्रयत्न दुख और निराशा को जन्म देता है–स्वयं के लिए भी और दूसरों के लिए भी।

क्यों? क्योंकि नियंत्रण एक भ्रम है।

संसार का स्वरूप ऐसा नहीं है। सत्य यह है कि किसी व्यक्ति, वस्तु, स्थान या परिस्थिति को बांधना संभव नहीं है। हर पदार्थ अपने

'स्वकर्मों' और प्रकृति के 'स्वतंत्र नियमों' के अनुसार गति करता है। जब हम अनियंत्रित को नियंत्रित करने की कोशिश करते हैं, तो पीड़ा निश्चित है।

निरासक्ति: शक्ति का उदय

आसक्ति दुर्बल बनाती है, और निरासक्ति (Non-attachment) बलवान। ये दोनों एक साथ नहीं रह सकते। जब आसक्ति जाती है, तभी शक्ति आती है।

निरासक्त व्यक्ति के भीतर एक नैसर्गिक साहस का जन्म होता है। वह सफलता और असफलता में अप्रभावित रहता है। वह संयोग (मिलन) और वियोग (बिछोह) के सत्य को स्वीकार करता है। आसक्ति चेतना के स्वाभाविक गुण—सुख, आनंद और शांति—को दबा देती है, जबकि निरासक्ति उन्हें प्रकट कर देती है।

निरासक्त व्यक्ति शक्तिशाली हो जाता है। वह त्वरित निर्णय लेता है, नए प्रयोग करता है और निरंतर आगे बढ़ता है। वह किसी एक भौतिक लक्ष्य के पीछे जीवन व्यर्थ नहीं गंवाता, बल्कि 'आत्मविकास' के लिए जीता है। वह अनुभवों को ही अपना असली धन मानता है। समाज की बंधनकारी मान्यताओं के विपरीत, वह एक मुक्त और क्रांतिकारी जीवन जीता है।

सत्य की अंतर्दृष्टि उसे सदैव यह याद दिलाती रहती है: "जो नित्य है, वह सदैव मेरे पास है; और जो अनित्य है, वह सदैव रहेगा नहीं।" यही बोध आसक्ति को मिटाता है और प्रमुक्ति का द्वार खोलता है।

बोधप्रयोग – आसक्ति विसर्जन
(The Practice of Detachment)

सत्य के ज्ञान का अभाव ही आसक्ति का कारण है। चेतना और अचेतना (Matter) के तत्वों के स्वभाव को न जानना ही हमें बांधता है। आइए, सत्य के प्रयोग से इस बंधन को काटें।

मलिनता की सफाई (Cleansing the Consciousness)

विवेक – आसक्ति चेतना के ऊपर जमी हुई 'काई' की परत है, जिसने आपके भीतर के निर्मल जल (आनंद) को ढक दिया है। यह विश्वास कि सुख का स्रोत बाहर (किसी व्यक्ति या वस्तु में) है, एक मिथ्या विश्वास है।

प्रयोग – जब भी मन किसी बाहरी चीज में सुख ढूंढे, तो स्वयं को रोकें। याद करें कि सुख, शांति और संतुष्टि आपकी चेतना के निजी गुण हैं। उन्हें बाहर मांगना भिक्षावृत्ति है। अपने भीतर लौटें।

पदार्थ का यथार्थ (Reality of Matter)

विवेक – जिन जड़ पदार्थों (गाड़ी, घर, गहने) के प्रति हम रागी होते हैं, वे मात्र परमाणुओं के झुंड (Clusters of Atoms) हैं। उनका स्वभाव ही है – बनना और बिगड़ना।

प्रयोग – वस्तुओं को देखते समय सोचें–"इनमें सुख महसूस करने का गुण ही नहीं है। इनसे सुख की आस रखना रेत से तेल निकालने जैसा है।" पदार्थों के संचय में जीवन न गंवाएं। उनका सविवेक उपयोग करें, पर उनमें अटकें नहीं।

संबंधों में मुक्ति (Freedom in Relationships)

विवेक – जिन व्यक्तियों में आप आसक्त हैं, वे भी स्वतंत्र चेतनाएं हैं। वे मात्र 'संयोगवश' आपके साथ हैं।

प्रयोग – यह समझें कि किसी पर-चेतना (Other consciousness) में यह सामर्थ्य नहीं है कि वह आपको सुखी या दुखी कर

सके। हर कोई अपने भावों से सुखी-दुखी होता है। यह दृष्टि आपके रिश्तों से 'स्वार्थ' और 'उम्मीदों' का ज़हर निकाल देती है।

जब आप दूसरों से सुख की भीख मांगना बंद कर देते हैं, तो आप निस्वार्थ प्रेम करने योग्य हो जाते हैं। ऐसे व्यक्ति का व्यवहार चुम्बकीय हो जाता है और लोग सहज ही उसकी ओर आकर्षित होते हैं।

प्रमुक्ति सूत्र

जगत देखने और अनुभव करने का एक सुनहरा अवसर है, चिपकने का स्थान नहीं। जैसे ही यह 'प्रमुक्ति बोध' जागता है, आसक्ति विलीन होने लगती है। आप पाएंगे कि चेतना की सहज शक्तियां प्रकट हो रही हैं। आप जीवन में एक नयापन, एक नव-उत्साह महसूस करेंगे।

अध्याय 6

मृगतृष्णा

कभी न बुझने वाली प्यास

(अंतहीन दौड़ का सच)

"जिसे अमृत भी न बुझा पाए, ऐसी अनंत प्यास है तृष्णा!
अनंत दुख तृष्णा का ही परिणाम है।"

आसक्ति यदि बंधन है, तो तृष्णा (Craving) वह आग है जो चेतना को निरंतर जलाती रहती है।

तृष्णा चेतना की मुख्य विकृति है और अनेक विकारों की जननी है। तृष्णा का अर्थ है—एक ऐसी प्यास जो निरंतर बनी रहे, जो कभी बुझती ही न हो। कल्पना कीजिए एक ऐसे व्यक्ति की जो निरंतर पानी पी रहा है, फिर भी उसका गला सूखा है। उसका दुख कितना असीम होगा?

तृष्णा का स्वभाव ही 'वेदना' (Pain) है।

तृष्णा का जाल

तृष्णा केवल वस्तुओं की प्यास नहीं है, यह भावनाओं का एक जटिल जाल है।

- लालसा – धन, पद, प्रतिष्ठा, नाम और वैभव पाने की अंधी दौड़।
- इच्छा – पर्यटन, मौज-मस्ती और उपभोग की चाह।
- अपेक्षा (Expectation) – यह तृष्णा का सबसे कष्टदायी रूप है। माता-पिता की संतानों से अपेक्षाएं, पति-पत्नी की एक-दूसरे से, मित्रों की मित्रों से, और यहाँ तक कि स्वयं की स्वयं से अपेक्षाएं। याद रखें: **अपेक्षा ही दुख है।**

तृष्णा द्वारा पैदा की गई ये भावनाएं जितनी तीव्र होंगी, दुख की तीव्रता उतनी ही अधिक होगी। गणित सीधा है: जितनी गहरी तृष्णा, उतनी गहरी वेदना।

इच्छा मात्र ही दुख का कारण है। सुख इच्छाओं की पूर्ति में नहीं, इच्छाओं के अभाव में है।

इच्छा का पिंजरा (The Trap of Desire)

"इच्छा मात्र अनंत दुखों का द्वार है।"

हम अक्सर सोचते हैं कि इच्छाएं (Desires) जीवन चलाने के लिए ज़रूरी हैं, लेकिन प्रमुक्ति दर्शन कहता है कि इच्छाएं अज्ञान की संतान हैं।

किसी कार्य को करने का भाव, भोगने का भाव, या कुछ पाने का भाव—ये सब इच्छाएं क्यों पैदा होती हैं? क्योंकि हमें अज्ञानवश यह विश्वास है कि "**सुख बाहर है।**"

हमें लगता है कि अमुक वस्तु, अमुक व्यक्ति या अमुक पद हमें सुखी कर देगा। यह सबसे बड़ा भ्रम है।

सुख का भ्रम और यथार्थ

ज़रा रुकें और विचार करें:

1. जड़ता – जिन वस्तुओं (कार, घ़र, पैसा) की आप इच्छा कर रहे हैं, वे 'जड़ परमाणु' (Inert Matter) हैं। उनमें सुख या दुख देने की शक्ति ही नहीं है।
2. चेतना – सुख चेतना का स्वभाव है। एक चेतना दूसरी चेतना को सुखी या दुखी नहीं कर सकती।

तो फिर इच्छा पूरी होने पर हमें खुशी क्यों महसूस होती है? यह एक **मनोवैज्ञानिक रहस्य** है।

जब आपके मन में कोई इच्छा जागती है, तो वह एक 'तनाव' (Tension) पैदा करती है, एक बेचैनी पैदा करती है। जब वह इच्छा पूरी होती है, तो वह तनाव क्षण भर के लिए हट जाता है। उस **'तनाव के हटने'** को ही आप सुख समझ लेते हैं।

सच्चाई यह है कि आपको सुख उस वस्तु से नहीं मिला, बल्कि उस **'इच्छा के शांत होने'** (Absence of Desire) से मिला। सुख इच्छाओं की पूर्ति में नहीं, इच्छाओं के अभाव में है।

इच्छाओं का चक्र

इच्छित वस्तु का विचार चेतना को जकड़े रखता है। उसे पाने के लिए व्यक्ति संघर्ष करता है, पीड़ा झेलता है, और शुभ-अशुभ कर्म करता है।

- यदि वस्तु मिल गई, तो कुछ देर की राहत, और फिर नई इच्छा।
- यदि नहीं मिली, तो कुंठा और क्रोध।

यह चक्र अनंत काल तक चलता रहता है और चेतना को कभी विश्राम नहीं लेने देता। संतुष्टि इच्छाओं को भरने से नहीं, बल्कि इस समझ से आती है कि "सुख के लिए मुझे बाहर से कुछ नहीं चाहिए।"

बोधप्रयोग – इच्छा-मुक्ति और आत्मनिर्भरता

(Practice: Freedom form Desire & Self-Reliance)

प्रश्न – यदि इच्छाएं न होंगी, तो क्या जीवन अर्थहीन नहीं हो जाएगा? हम जियेंगे क्यों?

उत्तर – नहीं! सत्य तो यह है कि इच्छाएं ही आपके जीवन को अर्थहीन बना रही हैं।

जीवन की सार्थकता (The Meaning of Life)

विवेक – इच्छाएं आपको सीमित करती हैं। आपका पूरा जीवन, आपकी पूरी ऊर्जा कुछ तुच्छ वस्तुओं को इकट्ठा करने में खर्च हो जाती है। यह सागर को छोड़कर गड्ढे भरने जैसा है।

प्रयोग – जीवन की सार्थकता 'मांगने' में नहीं, 'विकसित' होने में है। प्रकृति की यह विशाल सृष्टि आपको निःशुल्क प्राप्त है। इसे देखें, अनुभव करें और अपनी चेतना को ज्ञान से संपन्न बनाएं। अनुभव ही असली संपदा है, वस्तुओं का संग्रह नहीं।

आत्मनिर्भरता का अभ्यास (Practice Self-Reliance)

विवेक – आप भिखारी नहीं, सम्राट हैं।

प्रयोग – बाह्य पदार्थों, परिस्थितियों और व्यक्तियों से सुख की भीख मांगना बंद करें। अपने भीतर घोषणा करें:

"मेरा सुख आत्मनिर्भर है। वह किसी वस्तु या व्यक्ति पर निर्भर नहीं है। वह मेरा स्वभाव है, मेरा अधिकार है।"

दृष्टि का परिवर्तन (Shift in Vision)

विवेक – विकृत चेतना केवल कमियों को देखती है ("मेरे पास यह नहीं है"), इसलिए वह दुखी रहती है।

प्रयोग – 'तत्वदृष्टि' विकसित करें। जो मिला है, जो उपलब्ध है, उसमें सुंदरता खोजें। एक विकार-मुक्त व्यक्ति के लिए छोटी-छोटी बातें–हवा का स्पर्श, भोजन का स्वाद, किसी की मुस्कान–ही असीम आनंद का स्त्रोत बन जाती हैं।

प्रमुक्ति सूत्र

स्वतंत्र सुख का अनुसंधान कीजिए। वह आपके भीतर ही विद्यमान है। आवश्यकता है केवल प्रमुक्ति के यथार्थ बोध की– यह जानने की कि आप पूर्ण हैं। इच्छाओं की बैसाखियां छोड़ें और अपने पैरों पर खड़े हों।

अध्याय 7

अपेक्षा

पीड़ा की कड़वी सच्चाई

(संबंधों में दर्द का रसायन)

"तुमने ऐसा क्यों किया? वैसा क्यों नहीं किया? वह ऐसा क्यों है? लोग ऐसे क्यों होते हैं? मेरे साथ ही ऐसा क्यों होता है? ऐसा होना चाहिए, वैसा नहीं होना चाहिए..."

ये प्रश्न, ये शिकायतें–ये सब अपेक्षाएं (Expectations) हैं। और सूत्र स्पष्ट है: अपेक्षाएं पीड़ा का पर्याय हैं।

अपेक्षा क्या है? यह एक ऐसी भावना है जिसमें व्यक्ति यह ज़िद करता है कि किसी अन्य व्यक्ति को, या स्वयं उसे, क्या करना चाहिए और क्या नहीं। यह दूसरों के व्यवहार, सोच और भावों को नियंत्रित करने की एक मानसिक कोशिश है।

यह जाल बहुत गहरा है। कभी-कभी ये भावनाएं इतनी प्रबल हो जाती हैं कि व्यक्ति केवल इंसानों से नहीं, बल्कि भाग्य, भगवान,

प्रकृति, समाज और राष्ट्र से भी अपेक्षाएं पाल लेता है। जिनसे न कोई परिचय है, न पहुँच, उनसे भी हम उम्मीद लगा लेते हैं कि "उन्हें ऐसा करना चाहिए था।"

चूंकि अपेक्षाएं दूसरों पर निर्भर हैं, वे कभी पूर्ण रूप से संतुष्ट नहीं हो सकतीं। अपेक्षा में जीने वाला व्यक्ति सदैव दुख, क्रोध, द्वेष और ईर्ष्या की आग में जलता रहता है।

तर्क और व्यवहार का भ्रम

मोटे तौर पर सारी अपेक्षाएं अतार्किक (Illogical) हैं, क्योंकि आप किसी और के कर्म को नियंत्रित नहीं कर सकते। परंतु हम कुछ अपेक्षाओं को 'व्यावहारिक' मान लेते हैं और यहीं फंसते हैं:

- माता-पिता की संतानों से।
- पति-पत्नी और प्रेमियों की एक-दूसरे से।
- मित्रों की मित्रों से।

ये 'व्यावहारिक' अपेक्षाएं ही सबसे गहरा घाव देती हैं। चाहे अपेक्षा तार्किक लगे या अतार्किक, वह अंततः दुख का ही कारण बनती है।

इच्छा बनाम अपेक्षा: दुख की तीव्रता

इच्छा और अपेक्षा में एक सूक्ष्म अंतर है। इच्छा की तुलना में अपेक्षा अधिक तीव्र और घातक भाव है।

- इच्छा – कभी पूरी हो सकती है, कभी अधूरी रह सकती है। जब इच्छा पूरी होती है, तो व्यक्ति को क्षणिक शांति मिल भी सकती है।
- अपेक्षा – यह निरंतर लगी रहती है। यह 'प्रतिसमय' तनाव देती है। "उसने मुझे कॉल क्यों नहीं किया?"—यह विचार आपको चौबीसों घंटे जलाता है।

चूंकि अपेक्षाएं दूसरों पर निर्भर हैं, वे कभी पूर्ण रूप से संतुष्ट नहीं हो सकतीं। परिणामस्वरूप, अपेक्षा में जीने वाला व्यक्ति सदैव दुख, क्रोध, द्वेष और ईर्ष्या की आग में जलता रहता है।

स्वतंत्रता का महा-सत्य

प्रमुक्ति का दर्शन कहता है: "सबकी अपनी-अपनी गति है, सबका अपना-अपना योग।"

स्वभावतः, कोई किसी के अनुसार नहीं चल सकता। प्रत्येक चेतना और प्रत्येक परमाणु का अपना 'स्वतंत्र परिणमन' (Independent Evolution) है।

जब आप अपेक्षा रखते हैं, तो आप इस सत्य के खिलाफ खड़े होते हैं। आप नदी की धारा को जबरदस्ती मोड़ना चाहते हैं। यह संभव नहीं है। यही कारण है कि अपेक्षाएं टूटती हैं और अपने पीछे आर्त-भाव (Deep Distress) छोड़ जाती हैं।

प्रमुक्ति बोध इस सत्य को स्थापित करता है कि "स्व" (Self) और "पर" (Others) दोनों स्वतंत्र हैं। जब यह समझ आती है, तो अपेक्षा का विलय हो जाता है और चेतना अपनी असली समृद्धि—सुख, शांति और आनंद—को पा लेती है।

बोधप्रयोग – मुक्ति का आनंद

(The Joy of Liberation)

दुख मुक्ति के लिए अपेक्षाओं का त्याग अनिवार्य है। इसे केवल विचार न रहने दें, प्रयोग में लाएं।

स्वतंत्रता का सम्मान (Respect the Freedom)

विवेक – आपका यह विचार कि "कोई मेरे अनुसार चले," हिंसा है। यह सत्य के विपरीत है। हर व्यक्ति अपने कर्मों और संस्कारों के अनुसार गति कर रहा है।

प्रयोग – लोगों को उनके स्वभाव के साथ स्वीकार करें। जब कोई आपकी उम्मीद के विपरीत काम करे, तो कहें: "यह उसका स्वभाव है, उसकी गति है। उसे ऐसा करने का अधिकार है। मैं उसे स्वीकार करता हूँ।"

आत्म-पूर्णता का विश्वास

(Realization of Completeness)

विवेक – आप किसी से अपेक्षा क्यों रखते हैं? क्योंकि आपको लगता है कि वह व्यक्ति आपको सुख या संतुष्टि देगा। यह 'पर-तत्व' से सुख की भिक्षा मांगना है।

प्रयोग – स्वयं को याद दिलाएं: "मैं स्वयंपूर्ण हूँ। मैं शक्तिसंपन्न हूं। सुख, आनंद और शांति मेरे भीतर हैं। मुझे किसी बैसाखी की आवश्यकता नहीं।"

दोहरी मुक्ति (Dual Liberation)

विवेक – अपेक्षा का त्याग केवल आपको ही नहीं, सामने वाले को भी मुक्त करता है। अपेक्षा का बोझ रिश्तों का दम घोंट देता है।

प्रयोग – आज से अपने प्रियजनों को 'अपेक्षा-मुक्त' प्रेम दें। आप पाएंगे कि जब आप उनसे मांगना बंद कर देते हैं, तो रिश्ते मधुर और सहज हो जाते हैं।

प्रमुक्ति सूत्र

प्रमुक्ति क्या है? इच्छाओं, आकांक्षाओं, अपेक्षाओं और आसक्ति की परतंत्रता से मुक्त चेतना की **विकार-मुक्त, भ्रम-मुक्त और दुख-मुक्त चिरआनंद अवस्था।**

अध्याय 8

लोभ का परिणाम

जीत में भी हार

(सफलता का भ्रम)

"लोभ विनाशकारी है। यह मनुष्य के धर्म, कर्म, जीवन और मन, सभी को विनष्ट कर देता है।"

तृष्णा जब अपनी चरम सीमा पर पहुँच जाती है, तो वह लोभ (Greed) बन जाती है।

लोभ, तृष्णा की पराकाष्ठा है। यह किसी वस्तु, व्यक्ति या स्थिति को पाने का एक ऐसा अंधा आवेग है, जिसमें मनुष्य अपना 'होश' खो देता है।

यह 'अधिक' और 'शीघ्र' पाने की बीमारी है। लोभी व्यक्ति उचित और अनुचित का विवेक (Discernment) खो बैठता है। उसे बस 'प्राप्ति' चाहिए, चाहे रास्ता कैसा भी हो। यह लालच उससे ऐसे कर्म करवाता है जो अंततः उसकी चेतना को गहरा आघात पहुँचाते हैं।

दृष्टांत: विनाश की पटकथा

लोभ कैसे बुद्धि का नाश करता है, इसे एक उदाहरण से समझें।

एक बुद्धिमान और परिश्रमी युवक था। अपनी कड़ी मेहनत से उसने एक सफल व्यवसाय खड़ा किया और सम्मानजनक जीवन जी रहा था। किंतु, एक दिन उसके मन में लोभ का बीज अंकुरित हुआ– "शीघ्रता से बहुत सारा धन कमाने में क्या बुराई है?"

लोभ की प्रक्रिया और परिणाम, दोनों ही दुखदाई हैं। जब तक लोभ बना रहता है, वह तनाव देता है; और जब परिणाम आता है, तो वह विनाश लाता है।

विवेक पर परदा पड़ गया। उसे एक ऐसी कंपनी का प्रस्ताव मिला जो दो वर्षों में पैसा दोगुना करने का दावा करती थी। लोभ ने तर्क को हरा दिया। उस युवक ने न केवल अपनी सारी जमा-पूंजी, बल्कि मित्रों और रिश्तेदारों से उधार लेकर भी उस कंपनी में लगा दिया।

परिणाम वही हुआ जो लोभ का होता है। एक वर्ष बाद कंपनी भाग गई। युवक के पैरों तले ज़मीन खिसक गई। बरसों की मेहनत मिट्टी में मिल गई। लेनदार उसे प्रताड़ित करने लगे। जीवन, जो कल तक उत्सव था, अब नर्क बन गया। निराशा, तनाव और अपराधबोध ने उसकी जीवन-ऊर्जा (Life Force) को ही सोख लिया।

विश्लेषण:

यह कहानी केवल एक व्यक्ति की नहीं है, यह लोभ के हर शिकार की कहानी है।

लोभ का गणित क्रूर है:

- छोटा लोभ = छोटा दुख।
- बड़ा लोभ = स्थायी और बड़ा दुख।

लोभ की प्रक्रिया और परिणाम, दोनों ही दुखदाई हैं। जब तक लोभ बना रहता है, वह तनाव देता है (प्रक्रिया); और जब परिणाम आता है, तो वह विनाश लाता है।

सफलता का जाल

लोभ में सबसे खतरनाक स्थिति 'असफलता' नहीं, बल्कि 'सफलता' है।

यदि संयोगवश आपके किसी लालच की पूर्ति हो जाए, तो आप और भी गहरी खाई में गिर जाते हैं। क्यों? क्योंकि इससे आपका अहंकार और लोभ दोनों पुष्ट हो जाते हैं। चेतना को यह गलत संदेश मिलता है कि "लालच काम करता है।"

यह 'सतत लोभ' (Continuous Greed) की आदत बन जाती है, जो आपसे निरंतर गलत निर्णय करवाती है और अंततः आपको ऐसे संकट में डाल देती है जिससे उबरना असंभव होता है।

बोधप्रयोग – लोभ-मुक्ति का विवेक

(Practice: Wisdom to Dissolve Greed)

सच्चा सुख और लोभ एक साथ नहीं रह सकते। इस विनाशकारी अग्नि को शांत करने के लिए विवेक का जल छिड़कें।

प्रक्रिया और परिणाम का विवेक

विवेक – जब सामान्य इच्छाएं ही तनाव देती हैं, तो लोभ जैसा तीव्र ज्वर तो निश्चित ही चेतना को जला देगा।

प्रयोग – जब भी 'लालच' मन में उठे (लॉटरी, जुआ, अनुचित लाभ, शोषण), तो उसके परिणाम को नहीं, उसकी 'प्रक्रिया' को देखें। स्वयं से पूछें: "क्या इस लालच के साथ मैं शांत रह सकता हूँ?" उत्तर होगा– नहीं। जिस बात की शुरुआत ही बेचैनी से हो, उसका अंत शांति में कैसे हो सकता है?

तत्व दृष्टि का जागरण (Elemental Vision)

विवेक – आप जिस धन या वस्तु के लिए लोभ कर रहे हैं, वह अंततः जड़ परमाणु है। वह नश्वर है।

प्रयोग – विचार करें कि क्या क्षणिक सुख के लिए अपनी शाश्वत चेतना को दूषित करना बुद्धिमानी है? लोभित वस्तु के मिलने पर जो सुख मिलता है, वह बहुत छोटा और नश्वर है; लेकिन लोभ त्यागने पर जो 'सहज सुख' (Natural Bliss) मिलता है, वह अनंत गुना अधिक और स्थायी है।

आंतरिक समृद्धि (Inner Richness)

विवेक – लोभ एक भ्रमित चित्त की वृत्ति है, जो मानता है कि "मेरे पास कमी है।"

प्रयोग – अपनी चेतना के स्वभाव में लौटें। सच्चा सुख, संतुष्टि और आनंद आपके भीतर है। जो व्यक्ति आत्म-संतुष्ट है, उसे जगत की कोई भी चमक विचलित नहीं कर सकती।

प्रमुक्ति सूत्र

सच्चा सुख, संतुष्टि और आनंद चाहते हैं, तो लोभ जैसी तुच्छ भावनाओं को त्यागकर 'तत्व-स्वरूप' की दृष्टि अपनाएं। याद रखें, बाहर की दुनिया में आप जितना भी बटोर लें, वह यहीं रह जाएगा; साथ जाएगा तो केवल आपकी चेतना का संस्कार। इसलिए, लोभ छोड़ें और परम सुखी बनें।

अध्याय 9

अहंकार

सबसे बड़ा शत्रु

(मैं और मेरा)

"अहंकारी चेतना सुंदर भावनाओं से वंचित रहती है। अहंकारी व्यक्ति प्रेम और करुणा जैसे उच्च भावों का स्वाद नहीं चख पाता।"

आसक्ति और तृष्णा के बाद, चेतना की तीसरी और सबसे खतरनाक विकृति है – **अहंकार** (Ego)।

अहंकार महत्वपूर्ण इसलिए नहीं है कि यह महान है, बल्कि इसलिए कि यह मनुष्य को 'दृष्टिहीन' (Blind) और 'दिशाहीन' बना देता है। अहंकार का सबसे बड़ा विरोधाभास यह है कि व्यक्ति में जितना अधिक अहंकार होता है, वह स्वयं को उतना ही निरहंकारी मानता है।

यही कारण है कि यह भयंकर है। यह सुधार के सारे द्वार बंद कर देता है। अहंकारी व्यक्ति यह स्वीकारने को ही तैयार नहीं होता कि

वह अज्ञानग्रस्त है, दुखग्रस्त है या विकारग्रस्त है। उसकी यह 'अस्वीकार्यता' (Denial) ही प्रमुक्ति मार्ग की सबसे बड़ी बाधा बन जाती है।

अहंकार की आग व्यक्तिगत स्तर से शुरू होकर पारिवारिक, सामाजिक, राजनीतिक और राष्ट्रीय स्तर तक फैल जाती है और अंततः 'सर्वनाश' का कारण बनती है।

शांति का शत्रु

अहंकार चेतना के स्वाभाविक गुणों—सुख, प्रसन्नता, समता और शांति —को पूरी तरह ढक देता है।

गौर करें: आसक्ति और तृष्णा के भाव तो कभी-कभी थककर शांत हो जाते हैं, जिससे चेतना को सुख की सांस लेने का मौका मिल जाता है। लेकिन अहंकार? **अहंकार कभी स्थान नहीं छोड़ता।**

वह अभिव्यक्ति का कोई न कोई बहाना ढूंढ ही लेता है:

- कभी धन में, तो कभी धर्म में।
- कभी संपत्ति में, तो कभी त्याग में।
- कभी कर्म में, तो कभी ज्ञान में।
- कभी पद में, तो कभी प्रतिष्ठा में।

यहाँ तक कि अगर कुछ न भी हो, तो वह 'कुछ होने का भ्रम' पालकर झूठे अहंकार के रूप में खड़ा हो जाता है।

अहंकार का मनोविज्ञान: हठ और हिंसा

अहंकारग्रस्त चेतना केवल दुख का ही संवेदन कर सकती है। सुख उसके लिए बहुत दूर की बात है।

अहंकारी व्यक्ति सदैव दो तरह के तनाव में जीता है:

1. भय – "कहीं मेरे अहंकार को चोट न लग जाए।" वह हर समय अपमान के डर से आशंकित रहता है।

2. भूख – अहंकार को निरंतर भोजन (पुष्टि) चाहिए। वह और बड़ा बनना चाहता है।

अपनी पुष्टि के लिए अहंकारी व्यक्ति किसी भी हद तक जा सकता है। वह हठी होता है, अपने अतार्किक विचारों को भी सही मानता है। वह झूठ बोलेगा, षड्यंत्र रचेगा, दूसरों को प्रताड़ित करेगा और हिंसा करने से भी नहीं चूकेगा।

यह आग व्यक्तिगत स्तर से शुरू होकर पारिवारिक, सामाजिक, राजनीतिक और राष्ट्रीय स्तर तक फैल जाती है और अंततः 'सर्वनाश' का कारण बनती है।

अज्ञान की जड़ें

अहंकार अज्ञान का ही परिणाम है। यह मानना कि "अहंकार से मुझे सुख या सम्मान मिलेगा"–यही सबसे बड़ा अज्ञान है।

हम किन चीजों का अहंकार करते हैं?

धन-संपदा, कुल, शरीर, जाति, धर्म, पद या बौद्धिक ज्ञान।

सत्य की दृष्टि से देखें तो ये सब 'जड़ सामग्री' हैं। ये सब 'संयोग' (Coincidence) मात्र हैं और इनका स्वभाव 'अनित्य' (Temporary) है।

संयोग और वियोग की प्राकृतिक व्यवस्था को न समझना, और अनित्य वस्तुओं में 'स्थायित्व' का भ्रम पाल लेना ही व्यक्ति को अहंकार के मद में चूर रखता है।

बोधप्रयोग – अहंकार विसर्जन
(The Dissolution of Ego)

दुख-मुक्ति के लिए अहंकार-मुक्ति अनिवार्य है। इसे केवल नैतिकता का पाठ न मानें, यह आनंद का विज्ञान है।

मूल्यहीनता का बोध (Realization of Valuelessness)

विवेक – अहंकार एक कोरी कल्पना है। यह उन चीजों पर टिका है जो वास्तव में आपकी हैं ही नहीं।

प्रयोग – अपनी उपलब्धियों, पद और संपत्ति को देखें। सत्य के प्रकाश में पूछें: "क्या यह मैंने बनाया है, या यह प्रकृति के संयोगों का परिणाम है?"

जिस क्षण आप देखते हैं कि बाह्य वस्तुओं का कोई अपना मूल्य नहीं है, वे केवल अनित्य संयोग हैं, उसी क्षण अहंकार की नींव ढहने लगती है।

नित्य का सम्मान (Value the Eternal)

विवेक – अनित्य में नित्य की कल्पना करना पागलपन है। मूल्यवान केवल 'सत्य' है।

प्रयोग – स्वयं को याद दिलाएं: "मूल्यवान मेरी गाड़ी या मेरा पद नहीं है। मूल्यवान मेरी चेतना है—मेरा वह अजर-अमर अस्तित्व जो सहज सुखी है। यही अस्तित्व सभी के पास है, तब कौन छोटा और कौन बड़ा?"

स्वीकृति का साहस (Courage to Accept)

विवेक – अहंकारी व्यक्ति अपनी गलतियां नहीं मानता।

प्रयोग – अपनी कमियों, अपने अज्ञान और अपने विकारों को स्वीकारना सीखें। झुकना दुर्बलता नहीं, प्रमुक्ति की निशानी है। जब आप झुकते हैं, तो आप टूटते नहीं, बल्कि आप उस 'प्रवाह' का हिस्सा बन जाते हैं जो सागर (आनंद) की ओर जा रहा है।

प्रमुक्ति सूत्र

सत्य का बोध पाएं। जब आप अशुद्धियों को हटाकर अपनी चेतना की असली संपदा का साक्षात्कार करेंगे, तो पाएंगे कि अहंकार एक बहुत भारी पत्थर था जिसे आप सर पर लिए घूम रहे थे। उसे उतार फेंकिए और हल्के हो जाइए।

अध्याय 10

भावनाओं का तूफान

विकार और हम

(मन का प्रबंधन)

"विकृतियों का परिणाम विकार हैं। विकार वे नकारात्मक भाव हैं जो चारों ओर दुख का प्रसार करते हैं।"

पिछले अध्यायों में हमने आसक्ति, तृष्णा और अहंकार जैसी 'विकृतियों' (Distortions) को समझा। अब हम उनके 'परिणाम' को देखेंगे।

विकृति कारण है, और विकार (Impurities) उसका कार्य है।

विकृतियां सूक्ष्म होती हैं, दिखाई नहीं देतीं; लेकिन विकार सागर में उठते ज्वार के समान हैं—वे आते हैं, दिखाई देते हैं, और स्पष्ट अनुभूत होते हैं।

जब चेतना आसक्ति, तृष्णा और अहंकार से ग्रस्त होती है, तो उसमें निरंतर 'भाव-विकारों' का जन्म होता रहता है। ये विकार उत्तेजना के

रूप में महसूस होते हैं और जीवन को चिंता, भय, निराशा और तनाव से भर देते हैं।

आइए, चेतना के इन शत्रुओं (विकारों) को एक-एक करके पहचानें:

१. द्वेष (Animosity)

द्वेष का मुख्य कारण 'अपेक्षा' है। जब किसी व्यक्ति, वस्तु या परिस्थिति से रखी गई अपेक्षा पूरी नहीं होती, तो चेतना में एक 'विरोध भाव' (Resistance) पैदा होता है। यही द्वेष है।

- लक्षण – मन में निरंतर चिढ़, गुस्सा और शिकायत।
- परिणाम – द्वेष एक ऐसा विष है जो पीने वाले (द्वेषकर्ता) और जिसके लिए पिया गया (विषय), दोनों को मारता है। यह षड्यंत्र, अपमान और अड़चन पैदा करता है। यह शांति को खा जाता है।

२. भय (Fear)

भय वह विकार है जो चेतना को पंगु बना देता है। भय का कारण अज्ञान और आसक्ति है।

- व्यक्ति के प्रति आसक्ति → वियोग का भय।
- शरीर के प्रति आसक्ति → मृत्यु का भय।
- अहंकार → अपमान का भय।
- सफलता की इच्छा → असफलता का भय।

भय आपकी संपूर्ण ऊर्जा को सोख लेता है और आपको निष्क्रिय बना देता है। तीव्र भय शारीरिक बीमारियों (जैसे रक्तचाप) का भी कारण बनता है।

३. चिंता (Anxiety)

निरंतर बना रहने वाला भय ही 'चिंता' है। यह 'भविष्य के प्रति आसक्ति' का परिणाम है।

"आने वाला समय कैसा होगा? परिणाम क्या होगा? प्रतिकूलता मिटेगी या नहीं?"

जब मन में ऐसे प्रश्नों का निरंतर प्रवाह चलता रहे, तो समझ लें कि आप चिंता ग्रस्त हैं। चिंता एक 'स्थायी तनाव' (Chronic Stress) की स्थिति है। यह वर्तमान की हत्या कर देती है।

४. क्रोध (Anger)

अत्यधिक क्रोध तब आता है जब आपके **'अहंकार'** को चोट लगती है।

चाहे अहंकार धन का हो, ज्ञान का हो या अनुभव का – जब भी कोई बात अहंकार के विपरीत होती है, चेतना में आग लग जाती है। क्रोधित व्यक्ति का चेहरा ही नहीं, उसकी आत्मा भी विकृत हो जाती है।

क्रोध केवल व्यक्तिगत नहीं होता; यह व्यक्तिगत स्तर से शुरू होकर अंतर्राष्ट्रीय स्तर तक युद्ध और विनाश का कारण बनता है। यह स्व और पर, दोनों के प्रति हिंसा है।

५. घृणा (Hatred)

विकर्षण (Repulsion) का संवेदन ही घृणा है। यह 'तत्वों के स्वरूप' से अनभिज्ञता के कारण पैदा होती है।

घृणा दोधारी तलवार है:

- दूसरों के प्रति – जब हम उच्चता के अहंकार में दूसरों को हीन या तुच्छ समझते हैं।
- स्वयं के प्रति – जब हम हीन भावना से ग्रस्त होकर स्वयं को कोसते हैं।

  दोनों ही स्थितियां पीड़ादायक हैं। जिस व्यक्ति या वस्तु से घृणा होती है, उसका विचार आते ही मन तनाव से भर जाता है।

६. ईर्ष्या (Jealousy)

ईर्ष्या 'तुलना' (Comparison) का परिणाम है, और तुलना अज्ञान का।

जब आप स्वयं को अपूर्ण मानते हैं और दूसरों की भौतिक सफलता से अपनी तुलना करते हैं, तो ईर्ष्या जन्म लेती है। ईर्ष्यालु व्यक्ति स्वयं प्रगति नहीं करता, बल्कि अपनी ऊर्जा दूसरों की प्रगति रोकने में बर्बाद कर देता है।

७. निराशा (Despair)

निराशा एक 'कुंठित भाव' है। यह जीवन की ऊर्जा (Life Force) को क्षीण कर देती है।

जब 'फल की इच्छा' और 'परिणाम की चाहत' पूरी नहीं होती, तो निराशा घेर लेती है। निराश व्यक्ति के लिए संसार नीरस हो जाता है—न कुछ करने योग्य, न देखने योग्य। यह सुस्ती और अंधकार की अवस्था है।

मनोविकार: विकृत मन का जाल

चेतना स्वभाव से ज्ञानवान है, किंतु विकृतियों के बादल उसके प्रकाश को रोक देते हैं।

मन एक चित्रपटल (Screen) की तरह है। जब आसक्ति और तृष्णा के विकृत भाव इस पटल पर चलते हैं, तो **'मनोविकार'** (Mental Disorder) उत्पन्न होते हैं।

यह एक विष-चक्र (Vicious Cycle) है:

1. अज्ञान से मन विकृत होता है।
2. विकृत मन से असामान्य व्यवहार और अपराध होते हैं।
3. इससे समाज में हिंसा, क्रूरता और असहिष्णुता फैलती है।

जब यह एक व्यक्ति तक सीमित हो, तो 'व्यक्तिगत मनोविकार' है; और जब पूरा समाज ही असामान्य व्यवहार करने लगे, तो यह **'सामुदायिक मनोविकार'** (Collective Insanity) है। आज हम इसी दौर में जी रहे हैं।

बोधप्रयोग

चक्रव्यूह भेदन (Breaking the Vicious Cycle)

दुख का चक्रव्यूह कैसे काम करता है?

अज्ञान → विकृतियां (आसक्ति/तृष्णा) → विकार (क्रोध/भय) → विकृत कर्म → दुख → पुनः अज्ञान।

चूंकि इस चक्र का न कोई आदि है न अंत, चेतना इसमें अनंत काल से पिस रही है। लेकिन अच्छी खबर यह है कि इस चक्र को तोड़ने की चाबी आपके पास है।

मुक्ति की विधि

अवलोकन (Observe) – जब भी क्रोध, भय या चिंता आए, तो रुकें। देखें कि इसके पीछे कौन सी 'विकृति' (अहंकार, अपेक्षा या लोभ) छिपी है।

तत्व-दृष्टि (Elemental Vision) – स्वयं को याद दिलाएं–"मैं शुद्ध चेतना हूँ। यह विकार मेरा स्वभाव नहीं, यह एक बाहरी धूल है।"

आत्म-शक्ति – प्रमुक्ति बोध के विवेक से अज्ञान को काटें।

प्रमुक्ति सूत्र

जानें, कि आपको दुख के इस चक्र से बाहर निकलने के लिए किसी चमत्कार की नहीं, केवल 'जाग्रति' की आवश्यकता है। आत्म-शक्ति और आत्मविश्वास के साथ प्रमुक्ति के जीवन का सूत्रपात करें।

मित्र! अब तक आपने जाना कि दुख का कारण 'बाहर' नहीं, आपके 'भीतर' पनपने वाली विकृतियां (आसक्ति, तृष्णा, अहंकार) हैं।

परन्तु एक प्रश्न अभी भी शेष है:

"ये विकृतियां हमारे जीवन को नियंत्रित कैसे करती हैं? वह कौन सा अदृश्य तंत्र (Mechanism) है जो हमारे एक छोटे से विचार को विशाल दुख में बदल देता है?"

जैसे भौतिक विज्ञान में 'नियम' होते हैं, वैसे ही चेतना के जगत में भी विज्ञान काम करता है। आइए, भावनाओं के जगत से निकलकर अब हम उस 'इंजीनियरिंग' को समझें जो आपके भाग्य, चरित्र और भविष्य का निर्माण कर रही है।

खंड 3

कर्म और मन का विज्ञान

(The Science of Karma and Mind)

दुख कोई संयोग नहीं है, यह एक गणित है। यह एक निश्चित प्रक्रिया (Process) का परिणाम है। इस खंड में हम उस सूक्ष्म विज्ञान को डिकोड करेंगे जो बताता है कि हम कैसे अपने ही जालों में फंसते हैं और कैसे उस जाल को काटकर स्वयं के 'भाग्य-विधाता' बन सकते हैं।

अध्याय 11

कर्म का विज्ञान

भाग्य कैसे बनता है?

(क्रिया और प्रतिक्रिया का सिद्धांत)

"कर्म ही नियंता है। व्यक्ति का भविष्य, उसका व्यक्तित्व, चरित्र और जीवन कैसा होगा, यह केवल इस बात पर निर्भर करता है कि उसके कर्म कैसे हैं।"

संसार और कुछ नहीं, 'कर्माणुओं' (Karmic Atoms) का एक विशाल जाल है।

प्रमुक्ति दर्शन के अनुसार, समस्त सृष्टि कर्म के परमाणुओं की सृष्टि है। कर्म केवल हाथ-पैर हिलाना नहीं है। **चेतना के भीतर उठने वाला हर 'भाव' कर्म है।**

जैसे ही आपके भीतर कोई भाव (जैसे क्रोध या प्रेम) जागता है, वह आपके आसपास मौजूद करोड़ों अचेतन, जड़ परमाणुओं को 'स्पंदित' (Vibrate) कर देता है। चेतना की ऊर्जा पाकर ये साधारण परमाणु

'कर्माणु' (Karma-Particles) बन जाते हैं और आपकी चेतना से चिपक जाते हैं।

सूत्र सरल है: भाव जितना तीव्र होगा, कर्माणुओं का बंधन उतना ही मजबूत और दूरगामी होगा।

दुख-सुख किसी भगवान का आशीर्वाद या श्राप नहीं, बल्कि आपके द्वारा भेजी गई ऊर्जा का 'रिटर्न गिफ्ट' है। जो इस विज्ञान को समझ लेता है, उसे किसी विधाता की जरूरत नहीं रहती; वह स्वयं अपना भाग्य-विधाता बन जाता है।

एक कर्म, अनेक परिणाम (Ripple Effect)

कर्म का विज्ञान कहता है कि एक भाव केवल एक परिणाम नहीं देता, वह एक श्रृंखला शुरू कर देता है।

उदाहरण के लिए, यदि आप '**क्रोध**' करते हैं:

1. तात्कालिक प्रभाव – यह आपके मन को जलाता है और शरीर के रसायनों (Health) को बिगाड़ता है।
2. वातावरण निर्माण – क्रोध के परमाणु आपके आभामंडल (Aura) को क्रोधमय बना देते हैं। अब आप जहां भी जाएंगे, एक नकारात्मक ऊर्जा लेकर जाएंगे।
3. आकर्षण (Attraction) – ये कर्माणु चुंबक की तरह कार्य करते हैं। ये ब्रह्मांड से ऐसी परिस्थितियों और ऐसे लोगों को आपकी ओर खींचेंगे जो आपको और अधिक क्रोध दिलाएं।
4. संक्रमण – आपका क्रोध दूसरों की चेतना को भी प्रभावित करता है, जिससे वे भी आपके प्रति क्रोधित होते हैं।

जिस तरह एक बीज से वृक्ष बनता है और वृक्ष से हजारों बीज, उसी तरह एक 'भाव-कर्म' आपको अनंत कर्मों के चक्रव्यूह में फंसा देता है।

नियति और व्यक्तित्व का निर्माण

हम अक्सर पूछते हैं, "मेरी किस्मत ऐसी क्यों है?" या "मेरा स्वभाव ऐसा क्यों है?"

उत्तर आपकी 'कर्म-संरचना' (Karmic Structure) में है।

- व्यक्तित्व – यदि किसी ने अतीत में बार-बार भय का भाव किया है, तो भय के कर्माणु उसकी चेतना का हिस्सा बन जाते हैं। अब वह व्यक्ति स्वभाव से ही 'डरपोक' कहलाएगा। कोई क्रोधी है, कोई शांत, कोई ईर्ष्यालु—ये सब कर्मों की ही प्रोग्रामिंग है।
- नियति – कर्म केवल वर्तमान को नहीं, भविष्य को भी तय करते हैं। क्रोध के कर्माणुओं से लदी चेतना अगले जन्म में ऐसे शरीर और परिवार में जाएगी, जहां उसे क्रोध करने के अधिकतम अवसर मिलें। हम अपनी जेल (परिस्थितियां) खुद चुनते हैं।

कर्म ही विधाता (Karma is the Creator)

इस सत्य को बहुत गहराई से समझ लें: सृष्टिकर्ता कोई और नहीं, आपकी चेतना में उठने वाले विकार ही हैं।

जीवन में होने वाली घटनाएं, संयोग और वियोग—सब कुछ कर्माणुओं की इसी वैज्ञानिक व्यवस्था का परिणाम है। दुख-सुख किसी भगवान का आशीर्वाद या श्राप नहीं, बल्कि आपके द्वारा भेजी गई ऊर्जा का 'रिटर्न गिफ्ट' है। जो इस विज्ञान को समझ लेता है, उसे किसी विधाता की जरूरत नहीं रहती; वह स्वयं अपना भाग्य-विधाता बन जाता है।

कर्म-विज्ञान: सूक्ष्म बनाम स्थूल

दुख से मुक्त होने के लिए हमें कर्म के दो रूपों को समझना होगा:

1. सूक्ष्म कर्म (Subtle Karma) – चेतना के भीतर उठने वाला 'भाव' (इच्छा, विचार)।
2. स्थूल कर्म (Gross Karma) – शरीर द्वारा की गई 'क्रिया' (कार्य)।

प्रमुक्ति विज्ञान कहता है कि **सूक्ष्म कर्म** (भाव) ज्यादा महत्वपूर्ण है।

उदाहरण: आपने एक इच्छा की और मेहनत करके वस्तु पा ली (स्थूल परिणाम)। आप सोचेंगे कि आप सफल हो गए। लेकिन, उस इच्छा के 'भाव' ने आपके भीतर जो 'प्यास' और 'तनाव' के कर्माणु पैदा किए (सूक्ष्म परिणाम), वे आपका असली भविष्य तय करेंगे। वे आपको 'अतृप्त' और 'भिखारी' बना देंगे।

स्थूल परिणाम बदल सकते हैं, पर सूक्ष्म परिणाम आपका 'चरित्र' बन जाते हैं।

अनंत इच्छाएं = अनंत दुख।

बोधप्रयोग – कर्म-चक्र भेदन (Breaking the Cycle)

आप अभी कर्मों के जिस चक्र में फंसे हैं, उसे तोड़ा जा सकता है। यह एक विज्ञान है, जादू नहीं।

आत्म-अवलोकन (Self-Observation)

विवेक – आप कठपुतली की तरह दुख-सुख के झूले में झूल रहे हैं क्योंकि आप अपने कर्मों को 'देख' नहीं रहे हैं।

प्रयोग – पैनी दृष्टि रखें। जैसे ही कोई भाव (तृष्णा, क्रोध, अहंकार) उठे, उसे 'कैमरे' की तरह देखें।

- "यह क्रोध उठा है। अब यह मेरे शरीर को गर्म कर रहा है। अब यह मेरी वाणी को बिगाड़ रहा है।"
- सिर्फ देखने मात्र से आप उस भाव से 'अलग' हो जाते हैं। और जो भाव 'देखा' जाता है, वह कर्माणु में नहीं बदल पाता।

ऊर्जा का स्थानांतरण (Shifting the Energy)

स्थिति – एक नकारात्मक भाव-चक्र (जैसे चिंता) चल रहा है।

प्रयोग – चेतना की ऊर्जा को मोड़ दें। चिंता के चक्र से निकलकर उसे जानबूझकर किसी सकारात्मक चक्र (जैसे कृतज्ञता या कार्य) में लगा दें। या, 'समदृष्टा' (Neutral Observer) बन जाएं। प्रतिक्रिया न दें। जब आप प्रतिक्रिया (Reaction) बंद कर देते हैं, तो पुराने कर्म झड़ जाते हैं और नए कर्म बनते नहीं।

दायित्व ग्रहण (Taking Responsibility)

विवेक – "मेरे साथ बुरा हो रहा है" – यह सोचना बंद करें।

प्रयोग – स्वीकार करें– "यह मेरा ही बोया हुआ बीज है। मैं ही इसका निर्माता हूँ, और मैं ही इसका संहारक भी बनूंगा।"
जब आप यह मान लेते हैं कि चाबी आपके हाथ में है, तभी आप ताला खोल सकते हैं।

प्रमुक्ति सूत्र

संसार तब तक है, जब तक कर्म है। यदि आप असत्य दृष्टि (आसक्ति) से कर्म करेंगे, तो बंधन में बंधेंगे। यदि आप तत्व-दृष्टि (निरासक्ति) से कर्म करेंगे, तो मुक्त हो जाएंगे। चुनाव आपका है: एक लाचार प्राणी बने रहना है, या एक विराट प्रमुक्त व्यक्तित्व बनना है?

अध्याय 12

इंद्रियों का खेल

सुख का भ्रम

(विषय और विचार)

"मन और इंद्रियों के विषयों की आसक्ति से मुक्त होना ही दुख मुक्त होना है। यही मुक्ति बंधन मुक्ति है। यही प्रमुक्ति है।"

चेतना का एक मौलिक गुण है– **अनुभूति** (Sensation)।चेतना इस भौतिक जगत को कैसे जानती है?

1. भौतिक इंद्रियां (Sensory Organs) – नाक (गंध), आंख (दृश्य), कान (ध्वनि), जीभ (स्वाद) और त्वचा (स्पर्श)। ये बाहरी जगत के द्वार हैं।
2. सूक्ष्म इंद्रिय (Subtle Organ) – वह है 'मन'। मन विचारों और कल्पनाओं का केंद्र है।

मन: एक चलचित्र यंत्र

चेतना स्वयं ज्ञान का असीमित भंडार है, लेकिन शरीर में बंधने के कारण उसका ज्ञान 'मन' के माध्यम से ही प्रकट होता है।

मन क्या करता है? यह चेतना के अनुभवों, विश्वासों और स्मृतियों को 'विचारों' और 'चलचित्रों' (Movies) के रूप में आपकी स्क्रीन पर चलाता है। ये चित्र तार्किक भी हो सकते हैं और अतार्किक भी; रचनात्मक भी और भ्रामक भी।

सबसे विकसित मन **'बुद्धि'** कहलाता है, जिसमें निर्णय की क्षमता होती है। लेकिन याद रखें, सबसे तीक्ष्ण बुद्धि भी चेतना की शक्तियों को सीमित और विकृत रूप में ही दिखा पाती है, क्योंकि उसमें विकारों की मिलावट है।

पतन और विकास का खेल

मन और इंद्रियों से जो अनुभव मिलते हैं, वे निर्दोष हैं। वे आपकी प्रतिक्रिया के अनुरूप विकास का कारण भी बन सकते हैं और पतन का भी।

पतन (Fall) – जब आप अनुभवों के प्रति **'राग-द्वेष'** (आसक्ति) से प्रतिक्रिया करते हैं।

- अच्छा लगा → राग (और चाहिए)।
- बुरा लगा → द्वेष (विरोध/क्रोध)।

यह प्रतिक्रिया ही चेतना को क्रोध, ईर्ष्या, भय और चिंता में धकेल देती है, जो अंततः दुख का कारण बनते हैं।

विकास (Evolution) – जब आप अनुभवों के प्रति **'निरासक्त'** (Detached) प्रतिक्रिया करते हैं।

- आप विषयों के बीच रहते हैं, पर उनमें लिप्त नहीं होते। इसे **'समत्व भाव'** (Equanimity) कहते हैं।

समत्व भाव में चेतना विकारी भावों से मुक्त हो जाती है और अपने शुद्ध स्वरूप–असीम सुख, ज्ञान और शांति–का प्रत्यक्ष अनुभव करती

है। यह अनुभव 'अतीन्द्रिय' (Beyond Senses) है, जहां सुख के लिए मन और इंद्रियों की बैसाखी की ज़रूरत नहीं रहती।

बोधप्रयोग – मन और इंद्रियों का प्रबंधन
(Practice: Mastering the Mind & Senses)

१. मन का विज्ञान (Science of Mind)

विवेक – एक बहुत बड़ा भ्रम तोड़ें, जानें– "मैं मन नहीं हूँ।"

प्रयोग – मन को एक टीवी स्क्रीन की तरह देखें। उस पर विचार आ रहे हैं और जा रहे हैं।

यदि आप विचार से चिपक गए (प्रतिक्रिया दी), तो आप फंस गए।

यदि आप सिर्फ देखते रहे (साक्षी भाव), तो विचार अपनी ऊर्जा खोकर शांत हो जाएगा।

मन का स्विच आपके हाथ में है। चेतना मन को देखती है, मन चेतना को नहीं।

नकारात्मक विचारों की चिकित्सा:

जब भी भ्रामक या नकारात्मक विचार आएं, उनसे लड़ें नहीं। उन्हें 'जानें' और 'देखें'।

"यह एक विचार है, यह मैं नहीं हूँ।"

मात्र देखने से उनकी गति थम जाएगी। मन शांत हो जाएगा और नई ऊर्जा के लिए स्थान बनेगा।

सकारात्मक दिशा-निर्देश:

मन एक उपजाऊ खेत है। इसे जैसा बीज देंगे, वैसी फसल देगा।

प्रयोग – मन को जानबूझकर एक 'संकल्प' (Command) दें– "मैं शांत और प्रसन्न विचारों से भरना चाहता हूँ।" आपकी यह कामना मन को उसी दिशा में मोड़ देगी।

२. इंद्रियों का विज्ञान (Science of Senses)

विवेक – इंद्रियां केवल 'डाकिया' हैं जो बाहर की खबर (स्वाद, स्पर्श, दृश्य) भीतर लाती हैं। खबर अच्छी या बुरी नहीं होती, आपकी 'प्रतिक्रिया' उसे अच्छा या बुरा बनाती है।

प्रयोग – भोजन करते समय प्रयोग करें।

- जीभ ने स्वाद बताया। इंद्रिय का काम खत्म।
- अब यदि आप कहते हैं, "वाह! क्या स्वाद है, और चाहिए" (राग) या "छी! बेकार है" (द्वेष), तो आप दुख का निर्माण कर रहे हैं।
- इसके बजाय, स्वाद को केवल 'एक अनुभव' (Just an experience) के रूप में जानें। अच्छे-बुरे के लेबल न लगाएं।

प्रमुक्ति सूत्र

राग-द्वेष रहित दृष्टि आपको 'अनुभवों का सम्राट' बनाती है। तब इंद्रियां दुख का द्वार नहीं, बल्कि अनुभवों की खदान बन जाती हैं। सत्य-दृष्टि से जीने वाला व्यक्ति जानता है कि असली आनंद इंद्रियों के विषयों में नहीं, बल्कि चेतना की आत्मनिर्भरता में है।

मित्र! अब तक की यात्रा में आपके पास नक्शा आ चुका है।

आपने जाना कि आप शरीर नहीं, चेतना हैं -
(भाग 1)

आपने जाना कि आसक्ति, तृष्णा और अहंकार दुख के मूल हैं -
(भाग 2)।

आपने जाना कि कर्म और मन का विज्ञान कैसे काम करता है -
(भाग 3)।

किंतु, केवल भोजन की विधि पढ़ने से पेट नहीं भरता, भोजन पकाना और खाना पड़ता है। केवल औषधि का नाम जानने से रोग नहीं मिटता, उसे सेवन करना पड़ता है।

अब समय आ गया है कि हम 'दर्शन' (Philosophy) को 'जीवन-शैली' (Lifestyle) में बदलें।

आइए, प्रमुक्ति की प्रयोगशाला में प्रवेश करें।

खंड 3

प्रमुक्ति के सात द्वार

(The Seven Portals of Liberation)

यह खंड क्रियात्मक (Action-oriented) है। यहाँ हम उन विधियों और मानसिक अभ्यासों को सीखेंगे, जिनके निरंतर प्रयोग से आप अपनी चेतना की प्रोग्रामिंग को बदल सकते हैं। ये प्रयोग आपके पुराने संस्कारों को धोकर आपको एक नया, तेजस्वी और शांत व्यक्तित्व प्रदान करेंगे।

प्रमुक्ति के सात द्वार (The Seven Doors to Liberation)

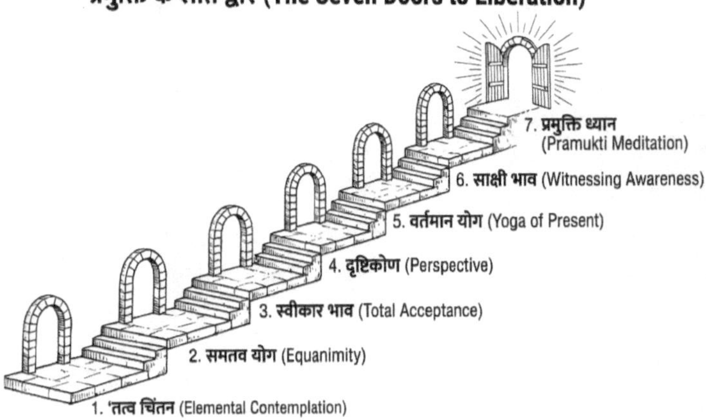

अध्यात्मिक प्रगति का मार्ग (The Path of Spiritual Progress)

अध्याय 13

द्वार 1: सत्य-दर्शन

तत्व चिंतन

(भ्रम को काटने की विधि)

"सत्य को केवल जानना पर्याप्त नहीं, उसे बार-बार मनन करना आवश्यक है। निरंतर चिंतन ही वह हथौड़ा है जो संस्कारों की कठोर चट्टान को तोड़ सकता है।"

प्रमुक्ति का पहला और सबसे आधारभूत प्रयोग है – **तत्व चिंतन** (Elemental Contemplation)।

यह एक मानसिक व्यायाम है। इसे 'मुक्ति-बोध' का रियाज़ (Rehearsal) कहें।

चिंतन की विधि
(The Method of Contemplation)

अपने दिनचर्या में से कुछ समय निकालें और गहरे प्रश्नों के साथ स्वयं में उतरें। बिना किसी पक्षपात के, एक वैज्ञानिक की भांति हर तत्व को परखें:

1. **चेतना का स्वरूप:**
   स्वयं से पूछें – "क्या सचमुच मैं शरीर हूँ? या मैं वह ऊर्जा हूँ जो इसे जान रही है? क्या मैं सचमुच अमर और अमिट हूँ?"
   ध्यान से टटोलें। क्या आपका स्वभाव सचमुच शांत और आनंदमय है? इसकी परीक्षा करें।
2. **नित्य और अनित्य का विवेक:**
   विचार करें – "मेरे आसपास क्या नित्य (Permanent) है और क्या अनित्य (Temporary)? वस्तुओं की प्रकृति क्या है? यह जो संयोग बना है, क्या यह सदा रहेगा?"
3. **अचेतना (परमाणु) का विश्लेषण:**
   विचार करें – "बाहर जो दिख रहा है, वह परमाणुओं का खेल है। चेतना और जड़ के बीच क्या व्यवस्था है?"
4. **प्रभाव का आकलन:**
   अपने भावों, विचारों और बाहरी घटनाओं को देखें। "इनका मेरे जीवन पर क्या प्रभाव पड़ रहा है? जब मैं सत्य-दृष्टि से देखता हूँ, तो क्या मेरे दुख कम होते हैं?"

इस चिंतन को केवल बंद आँखों का ध्यान न बनाएं, इसे खुली आँखों का विवेक बनाएं।

प्रयोग-दृष्टांत: उद्यान की घटना
(The Garden Case Study)

तत्व-चिंतन कैसे काम करता है, इसे एक व्यावहारिक उदाहरण से समझें।

स्थिति:

मान लीजिए आप किसी उद्यान में शांति से बैठे हैं। अचानक एक व्यक्ति आता है और अपशब्दों के साथ चिल्लाता है– "चल, यहाँ से हट! यह मेरा स्थान है, मैं यहाँ बैठूंगा।"

सामान्य प्रतिक्रिया (प्रतिक्रियाशील मन):

आप तत्काल भयभीत या क्रोधित हो जाएंगे।

- "इसकी हिम्मत कैसे हुई?" (अहंकार)
- आप लड़ाई-झगड़ा करेंगे या मन मसोसकर अपमान के घूंट पीकर हट जाएंगे।
  परिणाम: बाहरी रूप से चाहे आप लड़ें या हटें, आंतरिक रूप से आप **अशांत** हो जाएंगे। आपका दिन खराब हो जाएगा।

तत्व-चिंतन प्रतिक्रिया (प्रमुक्त मन)

यदि आपका 'तत्व-चिंतन' का अभ्यास गहरा है, तो उसी क्षण आपके भीतर एक **तात्विक विश्लेषण** शुरू हो जाएगा:

1. शब्द – "यह व्यक्ति जो बोल रहा है, वह केवल ध्वनि है। यह वायु में तैरते हुए परमाणुओं की संरचना है जो मेरे कानों (इंद्रिय) से टकरा रही है।"
2. ज्ञान – "टकराहट का संवेदन मेरी चेतना को हुआ। मुझे ज्ञान हुआ कि इसने कुछ कहा। बस, प्रक्रिया पूरी हुई।"
3. निष्कर्ष – "इसके शब्द मुझे नहीं काट सकते। इसका क्रोध इसका अपना कर्म-विकार है, मेरा नहीं। यह अनित्य घटना है, अभी आई है, अभी चली जाएगी।"

परिणाम:

आप अप्रभावित (Unaffected) रहेंगे। न क्रोध आएगा, न अपमान महसूस होगा। आप शांति से निर्णय लेंगे (हटना है या नही), लेकिन आपकी आंतरिक शांति खंडित नहीं होगी।

लाभ: व्यक्तित्व का रूपांतरण

(Transformation of Personality)

तत्व-चिंतन कोई जादुई मंत्र नहीं, बल्कि मन को सत्य देखने की आदत डालने की प्रक्रिया है। इसके निरंतर अभ्यास के परिणाम चमत्कारिक हैं:

1. समत्व भाव (Equanimity) – आप छोटी-बड़ी, अच्छी-बुरी, कठिन-सरल—सभी परिस्थितियों में 'सम' (Stable) रहने लगते हैं। सुख आपको पागल नहीं करता, दुख आपको तोड़ता नहीं।
2. संस्कार मुक्ति – यह प्रयोग आपके पुराने संस्कारों (अंधविश्वास, भय, ईर्ष्या) की जड़ों को काट देता है। जिन बातों पर पहले आपको गुस्सा आता था, अब उन पर आप शांत रहते हैं।
3. आत्मविश्वास और स्पष्टता – दुविधाएं मिट जाती हैं। जीवन का लक्ष्य स्पष्ट हो जाता है। समस्याओं के त्वरित समाधान मिलने लगते हैं।

निष्कर्ष:

चाहे कोई नियम बनाएं या न बनाएं, चलते-फिरते, उठते-बैठते—चिंतन की यह धारा भीतर बहती रहनी चाहिए।

जैसे-जैसे आप इस प्रयोग में गहरे उतरेंगे, प्रश्न उठेंगे। समाधान खोजें—पुस्तक से, या मुझसे जुड़कर। परंतु रुकें नहीं।

एक बार जब तत्व का विश्वास जम जाता है, तो चेतना की अशुद्धियां ऐसे झड़ जाती हैं जैसे सूखे पत्ते पेड़ से। तब आप प्रयास से नहीं, बल्कि **सहज स्वभाव** से आनंदित रहने लगते हैं।

मित्र! तत्व-चिंतन वह चाबी है जिससे सत्य का ताला खुलता है। जब आप निरंतर चिंतन करते हैं कि "मैं शरीर नहीं, चेतना हूँ" और "संसार अनित्य है", तो धीरे-धीरे आपके भीतर एक विशेष प्रकार की 'शांति' ठहरने लगती है।

चिंतन जब गहरा होता है, तो वह एक 'अवस्था' बन जाता है। उस अवस्था का नाम है– **समत्व (Equanimity)**।

चिंतन मन का व्यायाम था, समत्व चेतना का स्वभाव है। आइए, इस स्वभाव को साधने का प्रयोग सीखें।

अध्याय 14

द्वार 2: संतुलन का रहस्य

समत्व योग

(स्थिरता की कला)

"समत्व का अर्थ है समभाव। एक ऐसी अवस्था जहाँ चेतना संकल्प-विकल्प से मुक्त होकर असीम शांति की अनुभूति करती है।"

जैसे-जैसे अज्ञान मिटता है और अशुद्धियां दूर होती हैं, चेतना का शुद्ध स्वभाव प्रकट होने लगता है। उस शुद्ध स्वभाव का केंद्रीय भाव ही 'समत्व' है।

समत्व का अर्थ है– राग और द्वेष से मुक्ति।

यह एक ऐसी भाव-दशा है जो द्वंद्वों (Dualities) से परे है। जहाँ न अच्छा है न बुरा, न उचित है न अनुचित, न ऊँच है न नीच, न अपना है न पराया। यह सकारात्मक और नकारात्मक से भी ऊपर उठी हुई एक 'शून्य' और 'शांत' अवस्था है।

तटस्थता का विज्ञान

(The Science of Neutrality)

सत्य की दृष्टि (तत्वदृष्टि) का प्रयोग करने वालों में समभाव स्वतः प्रकट हो जाता है। किंतु जब तक यह स्वतः प्रकट न हो, तब तक हमें 'प्रयासपूर्वक' इसका अभ्यास करना चाहिए।

विधि:

अपने दैनिक जीवन में मध्य मार्ग (Middle Path) अपनाएं।

- अनुकूलता – जब कुछ मनचाहा हो, तो बहुत उछलें नहीं (राग नहीं)।
- प्रतिकूलता – जब कुछ अनचाहा हो, तो रोएं नहीं (द्वेष नहीं)।
- मध्य में रहें – न चुनें अनुकूल को, न धकेलें प्रतिकूल को। बस 'साक्षी' बने रहें।

घटनाएं निर्दोष हैं (Events are Innocent)

समत्व साधने का सबसे बड़ा सूत्र यह है: "कोई भी परिस्थिति केवल एक परिस्थिति है, इसके अतिरिक्त और कुछ नहीं।"

वर्षा का होना एक प्राकृतिक घटना है।

- किसान के लिए यह 'सुख' (अनुकूल) है।
- कुम्हार (जिसके बर्तन सूख रहे हैं) के लिए यह 'दुख' (प्रतिकूल) है।

वर्षा न अच्छी है, न बुरी। वह निर्दोष है। 'अच्छा' या 'बुरा' तो हमारा व्यक्तिगत दृष्टिकोण और हमारे संस्कार हैं।

संसार की हर घटना—चाहे वह शारीरिक हो, मानसिक हो या भौतिक —प्रकृति की एक स्वतंत्र और अवश्यंभावी प्रक्रिया है। जब आप इस 'तात्विक दृष्टि' से जगत को देखते हैं, तो आप पाते हैं कि विचलित होने का कोई कारण ही नहीं है।

समता: सामाजिक और वैश्विक दृष्टि

समत्व का दूसरा अर्थ है– समानता (Equality)।

यदि आप किसी को उसकी संपत्ति, पद, लिंग, जाति, रंग या धर्म के आधार पर 'छोटा' या 'बड़ा' मानते हैं, तो आप सत्य से दूर हैं। यह भेद-भाव वाली दृष्टि आपके भीतर अहंकार, घृणा, ईर्ष्या और तनाव पैदा करती है।

तत्व-दृष्टि: तात्विक रूप से प्रत्येक प्राणी एक समान है—सब शुद्ध चेतनाएं हैं। जब यह दृष्टि आती है, तो भेदभाव मिट जाता है। आप दूसरों के सुख का कारण बनते हैं और स्वयं भी संसार से प्रेम पाते हैं।

बोधप्रयोग – समत्व साधना
(Practice of Equanimity)

जीवन को जीने में यथार्थ-बोध का उपयोग करें और सुख हेतु समत्व को साधें।

१. प्रतिक्रिया-रहित अभ्यास (Practice of Non-Reaction)

विवेक – "मैं एक दर्पण की तरह हूँ। दर्पण के सामने आग आए या फूल, वह न जलता है, न खुश होता है; वह केवल प्रतिबिंबित करता है।"

प्रयोग – दिन भर में आने वाली छोटी-छोटी समस्याओं (ट्रैफिक, देरी, किसी की कड़वी बात) पर प्रयोग करें।

- जैसे ही मन प्रतिक्रिया (Reaction) करने लगे, उसे देखें, अलिप्त।
- स्वयं से कहें: "यह घटना घटनी थी, घट गई। यह स्वतंत्र है। इसमें मेरा सुख-दुख नहीं है।"
- तटस्थ होकर उचित कार्य करें, पर भावुक न हों।

२. निर्दोष दृष्टि (Innocent View)

विवेक – जिसे मैं 'बुरा' कह रहा हूँ, वह मेरे संस्कारों का चश्मा है।

प्रयोग – जब कोई व्यक्ति बुरा व्यवहार करे, तो उसे 'बुरा व्यक्ति' मानने के बजाय, उसे 'एक घटना' के रूप में देखें। "इसके भीतर के परमाणुओं और संस्कारों ने अभी ऐसा व्यवहार उत्पन्न किया है। यह एक प्राकृतिक प्रक्रिया है।" यह दृष्टि आपको क्रोध और द्वेष से बचा लेगी।

३. अभेद दृष्टि (Vision of Oneness)

विवेक – बाहरी आवरण (शरीर/स्थिति) अलग हैं, भीतर का तत्व (चेतना) एक है।

प्रयोग – आज आप जिससे भी मिलें–चाहे वह बॉस हो या चपरासी, अमीर हो या गरीब–उसके भीतर बैठी 'चेतना' को नमस्कार करें। बाहरी खोल को न देखें। यह अभ्यास आपके अहंकार को गला देगा और असीम शांति से भर देगा।

प्रमुक्ति सूत्र

निरंतर अभ्यास करें। जहाँ-जहाँ आप इस तात्विक दृष्टि का प्रयोग करेंगे, वहाँ-वहाँ आप समत्व का अनुभव पाएंगे। यह भाव आपको जीवन के तूफानों में भी एक अडिग चट्टान की तरह स्थिर और शांत रखेगा।

अध्याय 15

द्वार 3: स्वीकार भाव

स्वागत की शक्ति

(जीवन का स्वागत है)

"प्रसन्नता और आत्मीयता से मिश्रित स्वीकार भाव ही 'स्वागत भाव' है। जो है, जैसा है–उसके प्रति सहज स्वीकार ही सुख का द्वार है।"

समत्व में हम तटस्थ (Neutral) थे, स्वागतभाव में हम अस्तित्व के साथ 'मित्रता' कर लेते हैं।

स्वागतभाव (Welcoming Attitude) का अर्थ है– संपूर्ण स्वीकार (Total Acceptance)।

- यह जगत जो है, जैसा है।
- स्थितियां और परिस्थितियां जैसी हैं।
- जो मिला है और जो नहीं मिला है।

इन सबके प्रति जब प्रसन्नता और आत्मीयता (Intimacy) का भाव जुड़ जाता है, तो वह स्वागतभाव कहलाता है।

संघर्ष बनाम संगति (Conflict vs. Harmony)

सुख और दुख का गणित बहुत सीधा है:

1. **अस्वीकार (Resistance) = दुख:** जो घटित हो चुका है, वह तो है ही। जब आप उसे अस्वीकार करते हैं ("ऐसा नहीं होना चाहिए था"), तो आप अस्तित्व के साथ 'विरोध' (Conflict) पैदा करते हैं। यही असंगति दुख और असंतुष्टि का कारण बनती है।
2. **स्वीकार (Acceptance) = सुख:** जो है, उसे स्वीकार कर लेने से विरोधाभास समाप्त हो जाता है। यह अस्तित्व और चेतना के मध्य एक 'सहज संगति' (Harmony) निर्मित करता है।

संगति ही सुख है। जो जीवन के प्रवाह के साथ संगत है, वह सहज ही सुखी और शांत है। स्वीकार भाव आनंद का पर्याय है और अस्वीकार निरानंद का।

सत्य का आलिंगन

हम जानते हैं कि चेतना और परमाणु से बना यह संसार 'नित्य परिवर्तनशील' है। संयोग और वियोग इसकी प्रकृति है, जिसे हम नियंत्रित नहीं कर सकते।

जब हम इस सत्य को स्वीकार कर लेते हैं, तो संघर्ष खत्म हो जाता है।

- तत्वों की व्यवस्था को स्वीकार करें।
- कर्मों की गति को स्वीकार करें।
- स्वयं की और दूसरों की वर्तमान अवस्था को स्वीकार करें।

यह कायरता नहीं, बुद्धिमत्ता है। यह जानना कि "जो है, वही सत्य है और सत्य की स्वीकार्यता ही सुख है।"

बोधप्रयोग – स्वागतभाव का अभ्यास

(Practice: The Art of Radical Acceptance)

इस पुरुषार्थ को साधें। यह आपको पर-निर्भरता से मुक्त कर असीमित आनंद देगा।

१. हर स्तर पर स्वीकार (Universal Acceptance)

विवेक – जीवन में जो भी घट रहा है, वह एक प्राकृतिक घटना है।

प्रयोग – चाहे वह किसी भी रूप में आए, उसका स्वागत करें:

- शारीरिक – शरीर में पीड़ा या रोग है? उसका विरोध न करें, उसे स्वीकार करें– "यह शरीर का धर्म है, मैं इसे जानता हूँ।"
- मानसिक – मन में विचार या भावनाएं उठ रही हैं? उनसे लड़ें नहीं, उनका स्वागत करें और केवल समता से देखें।
- बाह्य जगत – परिस्थिति अनुकूल हो या प्रतिकूल, उसे समता से स्वीकारें।

२. 'ना' से 'हाँ' की यात्रा (Journey from No to Yes)

विवेक – दुखी होने का रवैया है– "जो है, वह नहीं चाहिए; और जो नहीं है, वह चाहिए।"

प्रयोग – इस रवैये को पलट दें।

- जो नहीं है, उसकी लालसा छोड़ें।
- जो है, उसके प्रति कृतज्ञ हों।

जैसे ही आप अस्तित्व को 'हाँ' कहते हैं, आपके भीतर के कषाय (क्रोध, मान, माया, लोभ) मंद पड़ने लगते हैं।

३. अहंकार का विसर्जन (Dissolving the Ego)

विवेक – अहंकार हमेशा 'अपनी मर्जी' चलाना चाहता है। स्वागतभाव 'अस्तित्व की मर्जी' में राजी होना है।

प्रयोग – जब भी कोई घटना आपकी योजना के विपरीत हो, तो मुस्कुराएं और कहें– "स्वागत है! शायद अस्तित्व की योजना मेरी योजना से बेहतर है।"

प्रमुक्ति सूत्र

निरंतर तत्व-दृष्टि का प्रयोग ही स्वागतभाव को प्रकट करता है। जब चेतना 'व्यर्थ इच्छाओं' और 'अस्वीकार' के बोझ से मुक्त हो जाती है, तभी वह आनंद के आकाश में ऊंची उड़ान भर पाती है। विरोध छोड़ें, स्वागत करें।

अध्याय 16

द्वार 4: दृष्टि ही सृष्टि है

नज़रिये का परिवर्तन

(दुख को सुख में बदलना)

"सुख-दुख घटनाओं में नहीं, दृष्टिकोण में है। आप जगत को जिस रंग के चश्मे से देखेंगे, जगत आपको उसी रंग में रंगा दिखाई पड़ेगा।"

दृष्टिकोण (Perspective) आपकी चेतना पर लगा हुआ एक 'चश्मा' है। यह चश्मा आपकी समझ, संस्कारों, अनुभवों और विश्वासों के रंगों से बना है।

संसार में वस्तुओं के अनेक गुण-धर्म हैं और परिस्थितियों के अनेक पक्ष हैं। आप किसी वस्तु या परिस्थिति को जिस 'कोण' (Angle) से देखते हैं, वही आपका दृष्टिकोण है।

यही दृष्टिकोण तय करता है कि जीवन में आपको सुख मिलेगा या दुख।

दृष्टिकोण ही नियंता है

(Perspective is the Controller)

आपका दृष्टिकोण ही आपके भाग्य का निर्माता है। यह निर्धारित करता है कि:

- आपका जीवन किस दिशा में जाएगा?
- आपके रिश्ते कैसे होंगे?
- आप सफल होंगे या असफल?
- आप शांत रहेंगे या व्याकुल?

एक घटना, अनेक दृष्टिकोण:

दृष्टिकोण की शक्ति को समझने के लिए एक उदाहरण लें। मान लीजिए आपको व्यापार में धन-हानि हो गई। घटना एक ही है, पर दृष्टिकोण अलग-अलग हो सकते हैं:

1. **दोषारोपण:** "उस व्यक्ति के कारण मुझे नुकसान हुआ।" → परिणाम: क्रोध और द्वेष।
2. **भाग्यवादी:** "भगवान ने मेरे साथ बुरा किया।" → परिणाम: निराशा और लाचारी।
3. **आत्म-ग्लानि:** "मैं ही मूर्ख हूँ, मेरी गलती है।" → परिणाम: हीन भावना और अवसाद।
4. **तात्विक (सत्य) दृष्टिकोण:** "यह कर्मों का फल या मात्र एक संयोग है। धन अनित्य है, आया था और चला गया। मैं (चेतना) इससे अलग हूँ।" → परिणाम: **शांति और समत्व**।

देखें, घटना वही है, पर दृष्टिकोण बदलते ही अनुभव नर्क से स्वर्ग में बदल गया।

सत्य की दृष्टि: तात्विक दृष्टिकोण

प्रमुक्ति का मार्ग 'तात्विक दृष्टिकोण' (Elemental Perspective) है। यह वह दृष्टि है जो असत्य, अंधविश्वास और पूर्व-संस्कारों को अस्वीकार करती है और केवल **'सत्य'** के आधार पर निष्कर्ष निकालती है।

यह दृष्टि क्या दिखाती है?

1. नित्यता – चेतना अजर, अमर और अविनाशी है। सुख इसका स्वभाव है।
2. अनित्यता – संयोग और वियोग संसार का स्वभाव है। वस्तुओं और व्यक्तियों से सुख की आशा भ्रम है।
3. स्वतंत्रता – जगत की हर घटना स्वतंत्र और अनिवार्य है।

यह दृष्टिकोण शिकायतों, दोष-दर्शन और व्याकुलता को जड़ से मिटा देता है। यह सफलता और असफलता के बीच के भेद को समाप्त कर देता है, जिससे व्यक्ति 'आत्मनिर्भर' होकर अपनी स्वाभाविक शांति में प्रतिष्ठित हो जाता है।

बोधप्रयोग – सत्य का कोण (The Angle of Truth)

प्रमुक्ति-बोध द्वारा प्राप्त दृष्टि को अपना स्थायी दृष्टिकोण बनाएं।

१. चश्मे की पहचान (Identify the Lens)

विवेक – जब भी आप दुखी या क्रोधित हों, तो रुकें। घटना को न देखें, अपने 'चश्मे' को देखें।

प्रयोग – स्वयं से पूछें– "मैं इस घटना को किस कोण से देख रहा हूँ? क्या यह मेरे पुराने संस्कार हैं? क्या यह मेरा अहंकार है?"

जैसे ही आप समझ जाते हैं कि यह केवल एक 'नजरिया' है, आप उसे बदलने की शक्ति पा लेते हैं।

२. सत्य के कोण का प्रयोग (Apply the Angle of Truth)

विवेक – हर सिक्के के कई पहलू होते हैं। सत्य का पहलू ही शांति देता है।

प्रयोग – प्रत्येक स्थिति, व्यक्ति और घटना को 'तत्व-दृष्टि' से देखने का अभ्यास करें।

- "यह व्यक्ति बुरा नहीं है, यह अपने कर्म-संस्कारों से बंधा एक प्राणी है।"
- "यह परिस्थिति मुझे तोड़ने नहीं, मुझे सिखाने या मेरे कर्म काटने आई है।"
- "यह हानि मेरी नहीं, केवल मेरे पास रखी 'सामग्री' की हुई है।"

३. निष्कर्ष का परिवर्तन (Change the Conclusion)

विवेक – हमारा मन तुरंत निष्कर्ष निकालता है– "यह बहुत बुरा हुआ।"

प्रयोग – निष्कर्ष ना निकालें। केवल 'जानें'। तात्विक दृष्टिकोण निर्णय (Judgment) नहीं करता, वह केवल 'बोध' (Awareness) करता है।

प्रमुक्ति सूत्र

यह अभ्यास आपको सफल, तृप्त और मुक्त जीवन का कोण प्रदान करता है। जब आप दुनिया को सही नज़रिये से देखते हैं, तो दुनिया नहीं बदलती, लेकिन दुनिया का आप पर पड़ने वाला 'प्रभाव' पूरी तरह बदल जाता है। यही सुखी और मुक्त जीवन का रहस्य है।

अध्याय 17

द्वार 5: वर्तमान का जादू

अभी और यहीं

(भूत और भविष्य से मुक्ति)

"वर्तमान ही सत्य है। भूतकाल स्मृति है और भविष्यकाल कल्पना। सत्य के इस दृष्टिकोण के प्रयोग से जीवन से दुख सदैव के लिए तिरोहित हो जाता है।"

प्रमुक्ति का पांचवां प्रयोग आपको समय (Time) की कैद से आजाद करता है। इसे **'वर्तमान योग'** (Vartman Yog) कहते हैं।

हमारा अधिकांश जीवन या तो पीछे मुड़कर देखने में (भूतकाल) या आगे झांकने में (भविष्यकाल) बीत जाता है।

- भूतकाल (Past) – यह केवल 'स्मृति' (Memory) है।
- भविष्यकाल (Future) – यह केवल 'कल्पना' (Imagination) है।

- सत्य (Truth) – केवल 'वर्तमान क्षण' (The Present Moment) है।

दुख का गणित: स्मृति और कल्पना

चेतना के भीतर राग और द्वेष रूपी आसक्ति ही दुख का कारण है।

जब आप भूतकाल की स्मृतियों और भविष्य की कल्पनाओं से 'लगाव' (Attachment) रखते हैं, तो आप विकारों को ईंधन देते हैं।

सूत्र स्पष्ट है:

1. स्मृतियों से लगाव = पीड़ा (Pain) – जो बीत गया, उसे याद कर-कर के आप घावों को हरा रखते हैं।
2. कल्पनाओं से आसक्ति = चिंता (Anxiety) – जो अभी हुआ नहीं, उसके बारे में सोच-सोच कर आप भयभीत होते हैं।

स्मृतियां और कल्पनाएं रहेंगी, क्योंकि वे चेतना के ज्ञान का हिस्सा हैं। परंतु उन्हें 'सत्य' मानकर उनसे चिपकना ही मूर्खता है।

क्षणभंगुरता का सत्य

आप मानें या न मानें, संपूर्ण सृष्टि की 'पर्याय' (State) पल-प्रतिपल बदल रही है।

- जो अभी है, वह अब नहीं है।
- जो आने वाला था, वह आकर जा चुका।

पलक झपकते ही पुराना अस्तित्व नष्ट हो जाता है और एक नया अस्तित्व खड़ा हो जाता है। प्रत्येक पर्याय 'क्षणभंगुर' (Momentary) है।

संसार की इस व्यवस्था के साथ तालमेल बिठाएं। जो व्यक्ति वर्तमान में जीने की कला सीख लेता है, वह मुक्त हो जाता है।

बोधप्रयोग – वर्तमान योगी बनें
(Become a Yogi of the Now)

स्वयं की समस्त ऊर्जा को वर्तमान क्षणों पर केंद्रित करें। यह केवल आध्यात्मिक नहीं, व्यावहारिक सफलता का भी सूत्र है।

१. सत्य का दर्शन (Seeing the Truth)

विवेक – मन के पर्दे पर जो चलचित्र (Movies) चल रहे हैं–चाहे वे पुरानी यादें हों या भविष्य के सपने–उन्हें केवल 'चलचित्र' मानें, सत्य नहीं।

प्रयोग – जब भी मन अतीत या भविष्य में भटके, उसे टोकें: "यह कल्पना है, इसका सत्य से कोई संबंध नहीं है। सत्य अभी यहाँ है।" यह समझ आसक्ति को काट देती है।

२. ऊर्जा का केंद्रीकरण (Focusing the Energy)

विवेक – हम अपनी 90% ऊर्जा भूत और भविष्य के व्यर्थ बोझ को ढोने में गंवा देते हैं।

प्रयोग – वर्तमान योगी बनें। जो कार्य अभी कर रहे हैं (खाना, चलना, काम करना), अपनी पूरी चेतना उसी में उड़ेल दें।

चमत्कारिक परिणाम:

- आंतरिक – आप सुखी, शांत और आनंदित होंगे क्योंकि बोझ उतर जाएगा।
- बाह्य – जब आपकी विभाजित ऊर्जा (Divided Energy) एक बिंदु पर (वर्तमान में) केंद्रित होगी, तो आपके कार्यों की गुणवत्ता (Quality) और गति (Speed) अनंत गुना बढ़ जाएगी।

प्रमुक्ति सूत्र

जो है ही नहीं (भूत-भविष्य), उसके प्रति आसक्ति मूर्खता है। जो है (वर्तमान), उसका पूर्ण आलिंगन बुद्धिमत्ता है। प्रमुक्ति का मार्ग 'अभी' और 'यहीं' (Here and Now) में है। वर्तमान में जिएं, और चमत्कार देखें।

अध्याय 18

द्वार 6: साक्षी भाव

केवल देखना

(दृष्टा बनने का प्रयोग)

"समदृष्टा वह है जिसकी दृष्टि सम हो चुकी हो। जो विकृतियों को जीतकर स्वभाव को उपलब्ध कर चुका हो। प्रतिक्रिया-रहित देखना और जानना ही समदृष्टा होना है।"

प्रमुक्ति की यात्रा का शिखर है– समदृष्टा (The Equanimous Observer) बनना।

यह वह अवस्था है जहाँ चेतना सभी विकृतियों (आसक्ति, तृष्णा, अहंकार) को शांत कर अपने निज 'स्वभाव' में स्थित हो जाती है।

समभाव: सागर जैसी गहराई

स्वभाव में स्थित होने पर जो भाव बना रहता है, वह '**समभाव**' है।

समभाव क्या है?

- यह राग और द्वेष से मुक्त (वीतराग) दशा है।
- यह अच्छे-बुरे, अनुकूल-प्रतिकूल, उचित-अनुचित से परे एक 'तटस्थ भाव' (Neutral State) है।

जिस प्रकार सतह पर चाहे कितनी भी लहरें उठें, गहराई में समुद्र हमेशा स्थिर और शांत रहता है, उसी प्रकार समभाव की दशा में आप अपने अंतरंग में एक गंभीर शांति और स्थिरता का अनुभव करते हैं। यहाँ कोई विचलन नहीं है, कोई संकल्प-विकल्प (Mental noise) नहीं है, कोई उत्तेजना नहीं है। यहाँ केवल मधुर आनंद और अनंत सुख है।

प्रतिक्रिया-रहित साक्षी
(Reaction-free Witnessing)

जब भीतर आप समभाव में स्थित होते हैं, तब बाहर आप संपूर्ण जगत के लिए 'समदृष्टा' बन जाते हैं।

समदृष्टा होने का अर्थ है: **केवल देखना और केवल जानना।**

आपके समक्ष तीन स्तर हैं:

1. संसार – बाहर घटने वाली घटनाएं।
2. शरीर – सुख-दुख और संवेदनाएं।
3. मन – उठने वाले विचार और भावनाएं।

एक समदृष्टा इन तीनों का 'साक्षी' (Witness) रहता है। वह जानता है कि "मैं यह नहीं हूँ, मैं इसे देखने वाला हूँ।" चूंकि राग-द्वेष मिट चुके हैं, इसलिए वह कोई प्रतिक्रिया (Reaction) नहीं करता। वह पूर्ण शांत और आनंदित भाव में अपने आसन पर जमा रहता है।

बोधप्रयोग – दृष्टा बनने का अभ्यास
(Practice: The Art of Witnessing)

बाहर से समदृष्टा बनने का अभ्यास (Acting like an Observer) भीतर से आपको समभाव की शांति का स्वाद चखा सकता है।

१. केवल देखना (Just See)

अभ्यास: अपने जीवन को एक नाटक की तरह देखें।

- शरीर में दर्द है? उसे देखें– "दर्द हो रहा है, मैं इसे जान रहा हूँ।" (प्रतिक्रिया न करें कि यह बुरा है)।
- मन में चिंता है? उसे देखें– "चिंता का विचार गुजर रहा है।"
- कोई अपमान कर रहा है? उसे देखें– "शब्द आ रहे हैं।"
  जैसे ही आप प्रतिक्रिया रोक देते हैं, आप दुख के चक्र से बाहर निकल जाते हैं।

२. प्रमुक्ति-बोध का कवच

अभ्यास: प्रमुक्ति-बोध (यथार्थ बोध) को आत्मसात करें। यह ज्ञान आपके समस्त संदेहों को शांत करेगा। जब ज्ञान पूर्ण होता है, तो समभाव स्वतः विकसित होता है और प्रतिक्रिया-रहित रहना सरल हो जाता है।

प्रमुक्ति की घोषणा:

समदृष्टा होना ही अंतिम मुक्ति है। ऐसा व्यक्ति:

- सभी दुखों, पीड़ाओं और तनावों से मुक्त है।
- सभी विकृतियों और विकारों से मुक्त है।
- कर्मों, कर्म-बंधनों और कर्मफलों से मुक्त है।
- मन और मनोरोगों से मुक्त है। परतंत्रता से मुक्त है। यही प्रमुक्ति है। (This is Ultimate Freedom)

'यांत्रिक त्रुटि' बनाम 'प्रमुक्त मन' (तुलनात्मक चित्र)

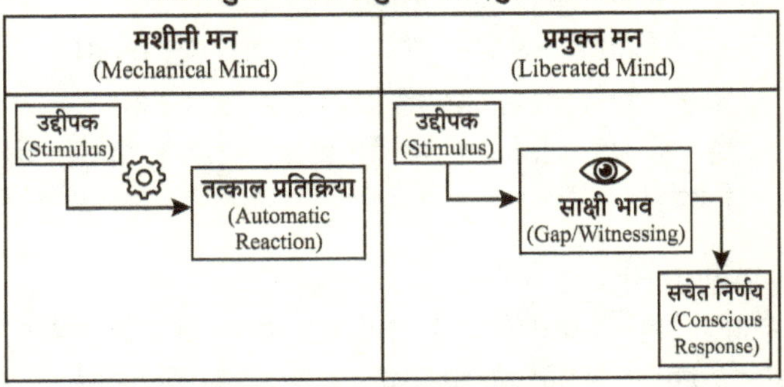

उद्देश्य: साक्षी भाव का वैज्ञानिक महत्व।

अध्याय 19

द्वार 7: शून्य की ओर

प्रमुक्ति ध्यान

(गाइडेड मैडिटेशन)

"प्रमुक्ति ध्यान का अर्थ है–कुछ समय के लिए स्वयं को 'कर्ता' से हटाकर 'समदृष्टा' बना लेना। हर उपलब्ध परिस्थिति का प्रतिक्रिया-रहित साक्षी हो जाना।"

यूं तो ध्यान के कई आयाम हैं, किंतु प्रमुक्ति के संदर्भ में ध्यान का अर्थ है– **अनुकरण (Simulation)**।

हम समदृष्टा के गुणों का अनुकरण करते हैं। हम कुछ पलों के लिए संसार, शरीर और मन से अपनी ऊर्जा खींचकर एक तटस्थ दृष्टा (Observer) बन जाते हैं।

यह अभ्यास जीवन में क्रांति का सूत्रपात करता है। निरंतर अभ्यास से आप उस 'समभाव' की अनुभूति तक पहुँचते हैं जो चेतना का मूल

स्वभाव है। यह आपको वह असीम शांति देता है जिसकी तलाश में हर प्राणी भटक रहा है।

सावधानी: ध्यान के दौरान दबी हुई स्मृतियां, विचार और विकार (जैसे क्रोध या भय) उभर सकते हैं। यह सफाई की प्रक्रिया है। घबराएं नहीं, उलझें नहीं। आपका लक्ष्य केवल एक है– **हर अवस्था का समदृष्टा बने रहना।**

ध्यान-प्रवेश: विधि (Guided Meditation Steps)

पहला चरण: श्वास-दर्शन (Breath Awareness)

1. एक शांत स्थान और आरामदायक आसन चुनें।
2. हल्के से आंखें बंद कर लें। दो-तीन बार गहरी श्वास लें और छोड़ें।
3. अब अपनी सामान्य, प्राकृतिक श्वास पर ध्यान दें।
4. श्वास आ रही है, श्वास जा रही है। मात्र देखें, मात्र जानें।
5. कोई प्रतिक्रिया न करें। यदि ध्यान भटके, तो कोमलता से उसे पुनः श्वास पर लाएं।
   (समय: 10-15 मिनट)

दूसरा चरण: श्रवण-साधना (Sound Awareness)

1. अब अपने ध्यान को कानों (कर्णेंद्रिय) पर ले आएं।
2. आसपास की आवाजों को सुनें। कोई शब्द हो, शोर हो, संगीत हो या सन्नाटा।
3. राग-द्वेष न लाएं (यह शोर बुरा है, यह संगीत अच्छा है)।
4. केवल 'ध्वनि' के रूप में सुनें। आप ध्वनि से अलग एक श्रोता हैं।
   (समय: 10-15 मिनट)

तीसरा चरण: स्पर्श-संवेदन (Sensation Observation)

1. अब ध्यान को त्वचा (स्पर्श-इंद्रिय) पर ले आएं।

2. **शरीर के भीतर** – क्या कोई दर्द, झुनझुनाहट, धड़कन या तनाव है? उसे देखें।
3. **शरीर के बाहर** – हवा का स्पर्श ठंडा है या गर्म? कपड़े का स्पर्श कैसा है?
4. प्रतिक्रिया न करें (दर्द बुरा है, ठंडक अच्छी है)। केवल संवेदना को 'जानें'। समदृष्टा रहें।
   (समय: 10-15 मिनट)

चौथा, पांचवां और छठा चरण: गंध, स्वाद और दृश्य

1. नाक – आती हुई गंध (सुगंध या दुर्गंध) को मात्र जानें।
2. जीभ – मुख में जो भी स्वाद (या स्वादहीनता) है, उसे जानें।
3. आंखें – बंद आंखों के पीछे जो भी हल्का-अंधेरा या रंग दिख रहे हैं, उन्हें देखें।
   (समय: 5-5 मिनट)

सातवां चरण: देह-दर्शन (Body Scan)

1. अब पूरे शरीर को ध्यान का केंद्र बनाएं।
2. पैरों की उंगलियों से लेकर मस्तक तक, हर अंग पर अपनी चेतना की टॉर्च घुमाएं।
3. जहां ध्यान जाए, वहां की संवेदना को महसूस करें।
4. जुड़ें नहीं, बहें नहीं। शरीर को एक 'वस्त्र' या 'यंत्र' की तरह देखें, जिसे आप (चेतना) देख रहे हैं।
   (समय: 15 मिनट)

आठवां चरण: मन-दर्शन (Watching the Mind)

1. अब सबसे सूक्ष्म तल पर आएं– मन।
2. विचारों को देखें। विचारों को न रोकें, न लाएं।
3. मन के स्क्रीन पर चित्र चल रहे हैं–स्मृतियां, भविष्य की योजनाएं, चिंताएं।

4. तटस्थ रहें। ऐसे देखें जैसे आप सड़क किनारे खड़े होकर गुजरती हुई गाड़ियों (विचारों) को देख रहे हैं।
5. यदि कोई विकार (क्रोध, काम, भय) जागे, तो उसे भी केवल देखें। जुड़ें नहीं।
(समय: यथाशक्ति)

अंतिम चरण: स्वरूप-साक्षात्कार
(Resting in Pure Consciousness)

1. अब विचार विलीन हो गए। विषय समाप्त हो गए।
2. अब केवल **'दृष्टा'** शेष है।
3. यहाँ ध्यान का विषय स्वयं **'चेतना'** है। स्वयं को देखें।
4. यह शुद्ध, निर्मल, शांत और आनंदमय 'मैं' हूँ।
5. यहाँ कोई विचलन नहीं। केवल **'होने' (Being)** की अनुभूति है। इस असीम शांति के सागर में डूब जाएं।
(समय: जितनी देर सहज रहे)

ध्यान का फल: जीवन-सिद्धि

जब आप नेत्र खोलेंगे, तो पाएंगे कि आप बदल चुके हैं।

आरंभ में यह कठिन लग सकता है, लेकिन नियमित अभ्यास से आप चंद क्षणों में ही इस 'समभाव' में उतरने लगेंगे।

प्रमुक्ति ध्यान का सबसे बड़ा चमत्कार यह है कि आपकी 'पर-निर्भरता' (Dependency on others) समाप्त हो जाती है। आप जान जाते हैं कि सुख बाहर की दुनिया में नहीं, बल्कि भीतर की इस 'प्रतिक्रिया-रहित शांति' में है।

यही **आत्मनिर्भर सुख** है। यही दुख-चक्र का अंत और परम-आनंद की शुरुआत है।

Scan or Click this Code
for Guided Meditation
Videos and Audios by
Pramukt

अंतिम खंड

परिणाम

(The fruit)

अंतिम अध्याय

प्रमुक्ति फल

जीवन मुक्त दशा

(परम स्वतंत्रता का अनुभव)

"यथार्थ बोध से अज्ञान दूर होता है और प्रयोग से विकृतियां। विकृतियों और विकारों से मुक्ति ही प्रमुक्ति है।"

प्रमुक्ति केवल एक शब्द नहीं, एक अवस्था है। जब आप इस यात्रा को पूरा करते हैं, तो जीवन में क्या घटित होता है?

आइए, उन अद्भुत फूलों को देखें जो प्रमुक्ति के वृक्ष पर खिलते हैं।

१. शक्ति (Power)

प्रमुक्ति शक्ति लाती है, और शक्ति से सफलता आती है।

प्रमुक्त चेतना शक्तियों का असीम सागर है। आत्मशक्ति, निर्णय शक्ति, आत्मविश्वास, एकाग्रता, अनुशासन, साहस और शौर्य—ये सब प्रमुक्ति के साथ स्वतः चले आते हैं।

संसार में लोग शक्ति के लिए जीवन भर भटकते हैं, पर विकारग्रस्त चेतना में ये गुण प्रकट नहीं हो पाते। आसक्ति और अहंकार की परतें आपकी नैसर्गिक शक्ति को दबा देती हैं।

प्रमुक्ति इन परतों को हटा देती है। तब आप पाते हैं कि आप शक्तिहीन नहीं, बल्कि शक्तिपुंज हैं। यह शक्ति किसी का दमन नहीं करती, बल्कि दूसरों को भी ऊपर उठाने का माध्यम बनती है।

२. स्वतंत्रता (Freedom)

प्रमुक्ति स्वतंत्रता लाती है।

स्वतंत्रता शब्द ही आनंददायक है। हम अंधविश्वासों, संस्कारों, धर्म के थोपे गए बंधनों और जाति-संप्रदाय की बेड़ियों में जकड़े हुए हैं। सबसे बड़ी बेड़ी हमारे अपने विकारों (आसक्ति, भय) की है।

सत्य का बोध इन जंजीरों को पिघला देता है। स्वतंत्रता के सुख की अनुभूति शब्दों से परे (अनिर्वचनीय) है। जो प्राणी स्वतंत्र होता है, वह पूजनीय है।

३. शुद्धता (Purity)

प्रमुक्ति शुद्धता लाती है।

विकार चेतना की मिलावट हैं। जब चेतना इनसे मुक्त होती है, तो उसके नैसर्गिक गुण—समता, प्रेम, करुणा और विवेक—प्रकट हो जाते हैं। शुद्ध चेतना में सुख और आनंद की अनुभूति 'अबाधित' (Uninterrupted) और अनंत होती है।

४. आत्मनिर्भरता (Self-Reliance)

प्रमुक्ति सच्ची आत्मनिर्भरता लाती है।

सच्ची आत्मनिर्भरता धन कमाना नहीं है। सच्ची आत्मनिर्भरता यह है कि सुख के लिए आपको न किसी बाहरी व्यक्ति की जरूरत है, न वस्तु की, और न ही मन और इंद्रियों की। आप 'स्वयंपूर्ण' हैं।

५. निर्मल चरित्र (Immaculate Character)

स्वभाव में स्थित व्यक्ति के लिए क्षणिक भौतिक सुख (जैसे नशा या व्यभिचार) का आकर्षण खत्म हो जाता है। जब भीतर सूर्य चमक रहा हो, तो दीपक की क्या आवश्यकता? चरित्र का पतन सुख की वासना-वृत्ति के कारण होता है। जिसे भीतर की संपदा मिल गई, उसका चरित्र स्वतः निर्मल हो जाता है।

६. धार्मिकता (True Religiousness)

प्रमुक्ति धार्मिक बनाती है।

धर्म का अर्थ पूजा-पाठ नहीं, **'स्वभाव'** है। जैसे अग्नि का धर्म ताप है, वैसे ही चेतना का धर्म 'समता' है।

सच्चा धार्मिक वह है जो स्वयं और जगत के लिए सुख का सृजन करे। दुख का सृजन अधर्म है। अज्ञान और विकार अधर्म हैं।

सच्चा धर्म केवल एक है: **चेतना की शुद्धि और सर्व-दुखों से मुक्ति।** इसके अलावा धर्म की सारी परिभाषाएं झूठी हैं।

७. अहिंसा (Non-Violence)

प्रमुक्ति सच्चे अर्थों में अहिंसक बनाती है।

हिंसा का कारण अहंकार, लोभ और द्वेष है। जब चेतना इन विकारों से मुक्त हो जाती है, तो हिंसा का कोई कारण ही नहीं बचता।

जब आपको अनुभव होता है कि सभी प्राणियों में एक ही चेतना है, तब भीतर से एक प्रार्थना उठती है: "प्रत्येक प्राणी दुख मुक्त हो! सभी को परम सुख मिले!"

यही भाव सच्ची अहिंसा है।

८. शुद्ध प्रेम (Pure Love)

जब सारे विकार निकल जाते हैं, तो अंत में क्या बचता है?

शुद्ध प्रेम।

यह प्रेम किसी व्यक्ति विशेष के लिए नहीं होता, यह चेतना का 'स्वभाव' बन जाता है। इसमें न वासना है, न अपेक्षा, न आसक्ति।

शुद्ध प्रेम बिना शर्त होता है। सृष्टि का हर कण इस प्रेम का पात्र होता है। उन्नत चेतना से सभी प्राणी अभय पाते हैं और उसकी ओर खिंचे चले आते हैं।

९. सफलता (True Success)

प्रमुक्ति का मार्ग ही सच्ची सफलता (सुफलता) का मार्ग है।

वह सफलता जो स्थायी संतुष्टि दे और औरों के लिए भी सुखकारी हो। आसक्ति और अहंकार से मिली सफलता कड़वे फल वाले वृक्ष जैसी है।

प्रमुक्त चेतना उस उपजाऊ भूमि की तरह है जिसे खरपतवार से मुक्त कर दिया गया है। यहाँ जो भी बीज बोया जाएगा, उसकी फसल उत्तम और कल्याणकारी ही होगी।

१०. दुख-मुक्ति (Liberation from Suffering)

प्रमुक्ति का सर्वोपरि परिणाम है–दुख मुक्ति।

चिंता, भय, तनाव, निराशा, कुंठा, और ऊब–इन सबका कारण चेतना की अशुद्धियां हैं। जिस अनुपात में चेतना शुद्ध होती है, उसी अनुपात में दुख विलीन होते जाते हैं।

उपसंहार

प्रमुक्ति वह प्रकाश है जो जीवन से अज्ञान के अंधकार को सदैव के लिए मिटा देता है।

यह असीमित शक्ति और शांति का वरदान है।

प्रमुक्ति के मार्ग पर बढ़ाया गया एक कदम भी आपको शांति का आभास करा देता है। और इस स्वाद को चखने के बाद, पूर्ण प्रमुक्ति के लक्ष्य को पाए बिना रुकना संभव ही नहीं।

असीम शांति। परम सुख। परमानंद।

यही **प्रमुक्ति** है।

प्रमुक्ति शब्द-कोश

(Glossary)

अपेक्षा (Expectation): दूसरों के व्यवहार या परिस्थितियों को नियंत्रित करने की मानसिक जिद्द। यह दुख का एक प्रमुख कारण है जो पराधीनता को जन्म देता है।

अहंकार (Ego): चेतना की वह विकृति जो 'मैं' और 'मेरा' के भाव से ग्रस्त रहती है। यह चेतना को दृष्टिहीन और दिशाहीन बना देता है।

आसक्ति (Attachment): चेतना की एक चिपचिपी अवस्था (विकृति) जो व्यक्तियों, वस्तुओं या स्थानों से 'राग' (जुड़ाव) पैदा करती है और चेतना को बांधती है।

इंद्रियां (Senses): चेतना के वे द्वार (आंख, कान, नाक, जीभ, त्वचा) जिनके माध्यम से वह भौतिक जगत (विषयों) का अनुभव करती है।

कर्माणु (Karmic Atoms/Particles): वे जड़ परमाणु जो चेतना के 'भावों' (Spandan) से प्रभावित होकर उससे चिपक जाते हैं और सुख-दुख के संयोग का निर्माण करते हैं।

चेतना (Consciousness): अस्तित्व का वह मूल तत्व जो 'द्रष्टा' (देखने वाला), 'ज्ञाता' (जानने वाला) और 'संवेदक' (महसूस करने वाला) है। यह अरूपी, नित्य और आनंदमय है।

तत्व-दृष्टि (Elemental Vision): संसार को उसके मूल स्वरूप (चेतना और परमाणु) में देखने की कला। यह दृष्टि राग-द्वेष और भ्रम को काटती है।

तृष्णा (Craving): कभी न बुझने वाली मानसिक प्यास। यह अभाव की भावना है जो निरंतर 'और अधिक' पाने के लिए दौड़ती रहती है।

प्रमुक्ति (Pramukti): परम स्वतंत्रता। मानसिक गुलामी, विकृतियों (आसक्ति, अहंकार) और दुखों से पूर्ण मुक्ति की अवस्था, जहाँ चेतना अपने शुद्ध आनंदमय स्वभाव में स्थित होती है।

प्रमुक्ति ध्यान (Pramukti Meditation): स्वयं को 'कर्ता' भाव से हटाकर 'समदृष्टा' बनाने की एक अनुकरण प्रक्रिया (Simulation), जिससे चेतना शांत होती है।

मृगतृष्णा (Mirage): सुख का वह भ्रम जो कभी पूरा नहीं होता। बाहरी वस्तुओं में सुख खोजने की अंतहीन दौड़।

मिथ्यात्व (Mithyatva): असत्य मान्यताएं। जैसे यह मानना कि सुख बाहरी वस्तुओं में है या धन से शांति मिलती है।

यांत्रिक त्रुटि (Mechanical Error): अज्ञानवश और संस्कारों के वश में होकर बिना सोचे-समझे (मशीन की तरह) की गई प्रतिक्रिया, जो दुख का कारण बनती है।

विकृति (Distortion): चेतना की अशुद्ध अवस्था। मुख्य रूप से तीन हैं: आसक्ति, तृष्णा और अहंकार। ये दुख के मूल कारण हैं।

विकार (Impurity): विकृतियों के परिणाम स्वरूप उत्पन्न होने वाले नकारात्मक भाव। जैसे- क्रोध, भय, ईर्ष्या, चिंता आदि।

वर्तमान योग (Vartman Yog): भूतकाल की स्मृतियों और भविष्य की कल्पनाओं से मुक्त होकर, अपनी पूरी ऊर्जा को 'इसी क्षण' (Now) में केंद्रित करना।

संस्कार (Conditioning): समाज, परिवार और धर्म द्वारा चेतना पर डाली गई परते या मानसिक प्रोग्रामिंग, जो हमारे व्यवहार को नियंत्रित करती है।

समत्व/समभाव (Equanimity): राग और द्वेष से मुक्त एक तटस्थ अवस्था। सुख-दुख, मान-अपमान और अनुकूल-प्रतिकूल परिस्थितियों में एक समान (स्थिर) रहने का भाव।

समदृष्टा (Equanimous Observer): वह व्यक्ति जो जीवन की घटनाओं को बिना प्रतिक्रिया (Reaction) किए केवल 'साक्षी' भाव से देखता है।

साक्षी भाव (Witnessing): स्वयं को शरीर और मन से अलग मानकर, विचारों और घटनाओं को केवल 'देखने' (Just Seeing) की कला।

स्वागत भाव (Acceptance): अस्तित्व के प्रति 'हाँ' कहना। जो घटित हो रहा है, उसे बिना विरोध के प्रसन्नता पूर्वक स्वीकार करना।

प्रमुक्त

लेखक परिचय

प्रमुक्त एक बहुआयामी मार्गदर्शक और अंतस-विज्ञान के प्रयोगधर्मी हैं। मनोविज्ञान, दर्शनशास्त्र और संगीत के गहन अध्येता होने के नाते, वे मानवीय पीड़ा को केवल एक संयोग नहीं, बल्कि मन की एक **'यांत्रिक त्रुटि'** (Mechanical Error) मानते हैं जिसे सुधारा जा सकता है।

वे आधुनिक मनोविज्ञान के तर्क और सनातन प्रज्ञा की गहराई का अनूठा संगम हैं। एक **मनोवैज्ञानिक** के रूप में वे मन की जटिलताओं को सुलझाते हैं, तो एक **संगीतज्ञ और कवि** के रूप में वे सीधे आत्मा से संवाद करते हैं।

वे **'प्रमुक्ति फाउंडेशन'** के संस्थापक हैं, जिसका उद्देश्य चेतना में आमूलचूल क्रांति लाना है। उनका कार्यक्षेत्र मनुष्यों तक सीमित न

होकर समस्त अस्तित्व के लिए है। वे एक ऐसी दुनिया के निर्माण में जुटे हैं जहाँ **सभी पशु, पक्षी, कीट-पतंगे, वनस्पतियाँ और प्रकृति के मूक प्रहरी (वन, पर्वत, वृक्ष, नदियाँ, सागर) और मनुष्य स्वयं,** मानवीय शोषण से मुक्त हों।

उनके 'प्रमुक्ति बोध' अभियानों, ध्यान शिविरों और सेमिनार्स के माध्यम से वे एक ऐसी **'प्रमुक्ति जीवनशैली'** का प्रसार कर रहे हैं, जो 'समग्र करुणा' (Total Compassion) और **'वैज्ञानिक अध्यात्म'** पर आधारित है।

उनका स्पष्ट अनुभव है कि जब तक मनुष्य प्रकृति और अन्य जीवों के प्रति संवेदनशील नहीं होता, वह पूर्ण रूप से मुक्त और आनंदित नहीं हो सकता।

संपर्क एवं जुड़ाव

यदि इस पुस्तक के विचारों ने आपकी चेतना को स्पर्श किया है या आप **'प्रमुक्ति जीवनशैली'** के बारे में अधिक जानना चाहते हैं, तो आप निम्नलिखित माध्यमों से जुड़ सकते हैं:

ईमेल – pramukt.pramukti@gmail.com

Click or Scan for Pramukt's Facebook Page	Click or Scan for Pramukti's Facebook Page	Click or Scan for Pramukti's YouTube Channel

प्रमुक्ति फाउंडेशन समय-समय पर ध्यान शिविर (Meditation Camps), प्रमुक्ति बोध वार्ता (Seminars) और ऑनलाइन व ऑफलाइन कोर्सेस आयोजित करता है। आगामी कार्यक्रमों की जानकारी के लिए हमारे फेसबुक पेज को फॉलो करें या हमें ईमेल करें।

प्रमुक्ति
अन्तर-क्रांति

www.ingramcontent.com/pod-product-compliance
Lightning Source LLC
LaVergne TN
LVHW100320210926
848480LV00003B/1194
9798903920648